Musique, musicothérapie
et développement de l'enfant

La Collection de l'Hôpital Sainte-Justine

pour les parents

Musique, musicothérapie et développement de l'enfant

Guylaine Vaillancourt

Éditions de l'Hôpital Sainte-Justine

Centre hospitalier universitaire mère-enfant

Catalogage avant publication de la Bibliothèque et Archives Canada

Vaillancourt, Guylaine

Musique, musicothérapie et développement de l'enfant

(Collection de l'Hôpital Sainte-Justine pour les parents)
Comprend des réf. bibliogr.

ISBN 2-89619-031-7

1. Musique et enfants. 2. Musicothérapie pour enfants. 3. Enfants - Développement. I. Titre. II. Collection.

ML83.V33 2005   780'.83   C2005-941622-X

Illustration de la couverture: Geneviève Côté

Infographie: Folio infographie

Diffusion-Distribution au Québec: Prologue inc.
                 en France: CEDIF (diffusion) — Casteilla (distribution)
                 en Belgique et au Luxembourg: S.A. Vander
                 en Suisse: Servidis S.A.

Éditions de l'Hôpital Sainte-Justine (CHU mère-enfant)
3175, chemin de la Côte-Sainte-Catherine
Montréal (Québec) H3T 1C5
Téléphone: (514) 345-4671
Télécopieur: (514) 345-4631
www.hsj.qc.ca/editions

Dépôt légal: Bibliothèque nationale du Québec, 2005
            Bibliothèque nationale du Canada, 2005

L'enfant et la musique habitent le même royaume,
celui du jeu, du beau, du sensible,
de la création et de la liberté.

À ma fille Maude qui, depuis sa naissance,
m'enseigne la beauté de la vie.

TABLE DES MATIÈRES

Remerciements

▼

Je désire remercier mes parents, Claire et Guy, qui m'ont emmenée à ma première leçon de piano à l'âge de six ans. C'est ainsi que je suis entrée dans le monde formidable de la musique qui, depuis, m'accompagne au quotidien.

Mes remerciements s'adressent aussi aux musicothérapeutes d'ici et d'ailleurs qui contribuent à nourrir ma passion pour la musique et l'être humain. Je pense en particulier à Carolyn Kenny et à Josée Préfontaine, qui ont grandement inspiré mon travail en musicothérapie, ainsi que Sœur Marcelle Corneille, une pédagogue d'avant-garde en musique, qui a amené au Québec la formation universitaire en musicothérapie.

Mes remerciements vont également aux musicothérapeutes Eddy Auger, Marianne Bargiel, Chrystine Bouchard, Linda Labbé, Nathalie Leduc et Despina Papayiannis ; à Joanabbey Sack, thérapeute en danse et mouvement ; à Jean-Paul DesPins, neuropédagogue de la musique ; ainsi qu'à Johanne Savard, une maman. Tous m'ont fourni des documents inestimables.

Enfin, je remercie Luc Bégin, des Éditions de l'Hôpital Sainte-Justine, et Marie-Claude Béliveau qui m'ont soutenue dans la rédaction du présent livre.

Introduction

▼

Le présent livre a pour objectif de sensibiliser les parents, les éducateurs et les intervenants aux bienfaits que la musique et la musicothérapie peuvent apporter aux enfants.

La première partie traite de l'éveil sonore et musical, tout en portant une attention particulière à la place de la musique dans le développement global de l'être humain. La deuxième partie porte sur la musicothérapie, une approche créative à la portée des enfants, quel que soit leur âge, leur condition physique et intellectuelle, et leur héritage culturel.

Dans le présent ouvrage, nous abordons l'ensemble de la musique et de la musicothérapie, mais sans le faire de façon exhaustive. Il existe déjà des ouvrages à cet effet, surtout en ce qui concerne l'éveil musical et la musicothérapie avec des enfants souffrant de difficultés d'ordre physique, psychologique, intellectuel ou social. Toutefois, les lecteurs trouveront ici assez d'indications et d'explications pour avoir des connaissances générales dans ce domaine. On retire beaucoup des recherches qui décrivent les effets de la musique, au point de vue de la psychologie, de la neuropsychologie, de l'éducation, de la neuropédagogie et de la médecine ; ces recherches aident à comprendre le potentiel que représente l'alliance entre la musique et les enfants.

Bref, nous souhaitons rendre la musique accessible à tous. Qu'elle occupe la place qui lui revient dans la vie de l'enfant, en tant que formation et en tant que thérapie !

PREMIÈRE PARTIE

La musique en tant que formation

Qu'est-ce que la musique?

La musique est souvent définie comme *l'art de combiner des sons d'après des règles, d'organiser une durée avec des éléments sonores.* Dans toutes les cultures et depuis toujours, la musique fait partie de la vie. Elle agit comme un miroir de ce que nous sommes et de ce que nous vivons dans le moment présent. Elle suit notre évolution, tout comme celle de l'enfant qui grandit.

La musique est aussi un langage que nous possédons tous sans jamais l'avoir étudié. Ce langage est à la portée de tous et nous sert à nous exprimer et à communiquer.

La musique est composée de plusieurs éléments qui suscitent l'émotion, font naître des images et provoquent le mouvement. Ces éléments sont le rythme, la mélodie, l'harmonie, le timbre, le tempo, les nuances, l'intensité… (*voir Annexe 1, en page 145*). Chacun de ces éléments rejoint l'enfant de façon différente et agit selon son stade de développement. Il s'agit d'un langage que l'enfant peut saisir sans avoir aucune connaissance préalable, car c'est lui-même qui lui donne sa signification. «La musique que l'on écoute ou que l'on joue procure une sensation d'ordre, de temps et de continuité[1]. »

Il est aussi intéressant de penser à certaines expressions du langage parlé qui sont relatives à la musique. On dit par exemple qu'il vaut mieux s'accorder, que quelqu'un sonne faux, on parle

---

1. ALVIN, J. *Music Therapy*. London : Hutchinson, 1975. 181 p.

de dissonance, de résonance, d'harmonie, de diapason, on cherche à être sur la même longueur d'onde que l'autre, on lui demande de changer de ton… Autant de mots et d'expressions qui traduisent le lien entre la musique et l'humain.

Quand le très jeune enfant entend une pièce de musique, le son capte son attention au plan sensoriel. Un peu plus tard dans le cours de son développement, le petit utilise sa mémoire sensorielle et affective pour reconnaître l'instrument, la mélodie ou le rythme. Quand le développement intellectuel de l'enfant le permet, les mots se posent sur la mélodie; cela fait remonter à la surface une image, un souvenir, une émotion, un événement ou une personne. L'enfant finit par chanter la chanson dans sa tête, puis à haute voix, et dans le cas d'une chanson rythmée, il bat la mesure. L'ensemble de ce processus, quasi instantané chez l'adulte, prend plusieurs années à prendre forme chez l'enfant, depuis sa naissance jusqu'à l'âge préscolaire.

Le monde de la musique est tout aussi vaste que le monde de l'enfant. Les possibilités d'expression et de créativité par la musique sont presque illimitées. Voyons maintenant comment et pourquoi la musique est si importante pour le développement de l'enfant.

Pourquoi faire appel à la musique chez l'enfant?

L'enfant est un être musical et créatif. C'est aussi un être en développement. Il possède en lui sa propre musique, qu'il exprime dans son rythme, avec sa mélodie naturelle, son expression corporelle et son chant. La musique donne à l'enfant libre accès à son sens intuitif et à sa capacité de créer, tout en rendant agréable son processus d'apprentissage. La musique peut devenir une fidèle compagne, qui le suit dans son évolution et dans les moments difficiles.

La musique peut remplir plusieurs fonctions. On peut tout simplement l'écouter, on peut l'utiliser comme méthode éducative, on peut apprendre à en jouer et on peut y faire appel en thérapie comme moyen d'améliorer, de maintenir ou de rétablir la condition physique et psychologique d'une personne.

La musique que l'on écoute
Mécanisme de l'audition

Le mécanisme de l'audition est ingénieux et extrêmement précis. Le voici en résumé. Des vibrations arrivent à l'oreille, il s'agit d'ondes sonores ayant des fréquences différentes dans l'air. Ces ondes sont captées par le pavillon de l'oreille externe et traversent le tympan pour se rendre à l'oreille moyenne, un compartiment rempli d'air. Elles sont alors amplifiées par trois petits osselets et ensuite transmises à l'oreille interne, un compartiment rempli de liquide. À l'intérieur de l'oreille interne se trouve la cochlée, qui ressemble à un colimaçon. Les ondes y sont alors transformées en influx électrique, puis à nouveau en impulsions électro-chimiques qui sont finalement transmises au nerf auditif. Les impulsions voyagent par ce nerf auditif, qui emprunte un circuit complexe, avec différents relais, avant d'atteindre dans le cerveau le lobe temporal de l'aire auditive et d'être décodées comme sons reconnaissables[2]. L'ensemble de ce processus se fait presque à la vitesse de l'éclair !

Il est intéressant de savoir que notre capacité auditive est intimement liée à la cochlée, et que nous n'atteignons la maturité auditive qu'au début de l'adolescence, après que l'oreille ait passé par de nombreuses étapes intermédiaires.

---

2. DESPINS, J.P. *Musique et neurosciences. Neuropédagogie*. [Cours MUS 3800]. Montréal : Université du Québec à Montréal (UQAM), 2002. ; HODGES, D. A. *Handbook of Music Psychology*. Lawrence, Kansas : National Association for Music Therapy, 1980. 431 p.

Audition chez le fœtus

Les premiers sons que le fœtus perçoit sont les battements cardiaques de la mère. Déjà, autour du cinquième ou du sixième mois, le fœtus entend. À sept mois, le système neurologique qui assume la fonction auditive est déjà en place. Un mois avant la naissance, le bébé est déjà prêt à réagir aux sons qui se transmettent par le liquide amniotique, comme des sons qu'on entend sous l'eau[3].

> « Les expériences réalisées démontrent clairement que le bruit intra-utérin se situe dans l'échelle des moyennes et basses fréquences, c'est-à-dire les sons graves à moyens. Quand la mère parle et chantonne, les sons aigus, que l'on nomme les hautes fréquences, sont atténués par le filtre que constituent son utérus, sa poitrine et son diaphragme. Quant à la voix du père, elle est superposée aux bruits de fond intra-utérin et s'y confond de telle sorte que pratiquement seule la voix de la mère est saisie par l'oreille du fœtus dans des variables de moyennes et basses fréquences[4]. »

La voix de la mère constitue donc le tout premier « lien sonore » avec l'enfant à naître[5]. C'est pourquoi il est important pour une mère qui attend son enfant de lui parler, de lui chanter des berceuses. Ainsi, elle peut déjà commencer à créer avec lui cet attachement affectif si nécessaire à son développement[6].

---

3. Schell, R. et E. Hall. *Psychologie génétique : le développement humain.* Montréal : Éditions du renouveau pédagogique, 1980. 485 p.

4. CYRULNIK, B. *Les nourritures affectives.* Paris : Odile Jacob, 2000. 252 p. ; DESPINS, J.P. *Musique et neurosciences. Neuropédagogie.* [Cours MUS 3800]. Montréal : Université du Québec à Montréal (UQAM), 2002.

5. CAMPBELL, D. *L'effet Mozart sur les enfants.* Montréal : Le Jour, éditeur, 2001. 347 p.

6. BARGIEL, M. « Berceuses et chansonnettes : considérations théoriques pour une intervention musicothérapeutique précoce de l'attachement par le chant parental auprès de nourrissons au développement à risques ». *Revue canadienne de musicothérapie* 2002 9 (1) : 30-49.

Audition chez le bébé

Dès sa naissance, le bébé est attentif à la voix et y répond[7]. Plusieurs recherches démontrent qu'une fois au monde, le bébé reconnaît, parmi d'autres sons, la voix de sa mère qu'il a entendue pendant son séjour intra-utérin[8]. On a aussi observé que les sons graves calment le bébé, tandis que les sons aigus produisent l'effet contraire et le rendent plus agité[9].

Les sons de moyennes et basses fréquences (donc plus graves) sont perçus dans les régions les plus profondes et consolidées de la cochlée, tandis que les sons de hautes fréquences le sont dans la partie supérieure de la cochlée. « En empêchant la cochlée de se développer, toujours à partir de ses régions moyennes et profondes, en utilisant trop régulièrement des sonorités aiguës, surtout à un âge où le cerveau semble peu mature pour les évaluer… on stresse le système auditif à une époque où le cerveau acquiert les bases de ce qu'il sera capable de contrôler ultérieurement[10]. »

C'est comme si on essayait de monter un escalier en escamotant les premières marches. Il faut veiller à ce que le système auditif de l'enfant s'édifie à son rythme.

---

7. DESPINS, J.P. *Musique et neurosciences. Neuropédagogie.* [Cours MUS 3800]. Montréal : Université du Québec à Montréal (UQAM), 2002, p. 177.

8. WIGRAM, T. et J. DE BACKER. *Clinical Applications of Music Therapy in Developmental Disability, Paediatrics and Neurology.* Philadelphia : J. Kingsley Publishers, 1999. p. 50.

9. SHELL, R. et E. HALL. *Psychologie génétique : le développement humain.* Montréal : Éditions du renouveau pédagogique, 1980. p. 97.

10. DESPINS, J.P. *Musique et neurosciences.* [Cours MUS 3800]. Montréal : Université du Québec à Montréal (UQAM), 2003, p. 191.

Le monde sonore

Intuitivement, les parents et les éducateurs aiment attirer l'attention des enfants sur les sons environnants, quand ils font des sorties à l'extérieur ou quand ils sont à la maison, à la garderie ou à l'école. Ils veulent éveiller l'enfant aux sons qui l'entourent. Que l'on soit au bord de la mer, à la campagne ou en forêt, il y a de multiples façons de découvrir le monde. On attire facilement l'attention de l'enfant en lui faisant écouter les sons de la nature, les cris des animaux, le chant des oiseaux et même les bruits de la ville.

Le grand compositeur européen Olivier Messiaen se promenait souvent en forêt pour transcrire sur une partition musicale ce qu'il entendait dans les chants d'oiseaux. Voici ce qu'il disait à ce propos :

> « Pour moi, la vraie musique a toujours existé dans les bruits de la nature. L'harmonie du vent dans les arbres, le rythme des vagues de la mer, le timbre des gouttes de pluie, des branches cassées, du choc des pierres, des différents cris d'animaux… sont pour moi la véritable musique. Mais il est probable que les oiseaux sont les plus grands musiciens qui existent sur notre planète : leur chant est extraordinaire. »

La musique est omniprésente dans la nature. Les oiseaux en sont les premiers ambassadeurs. En les écoutant, on se rend compte que l'ensemble de leurs chants s'harmonise. Aucune « fausse » note, si ce n'est de la part de quelques corneilles ou geais bleus qui aiment interrompre cette « symphonie ».

Il faut écouter la forêt comme on assiste à un concert. Il y a la section des « vents » qui s'éveille quand la brise passe dans les feuilles ; la section des « oiseaux », qui présente des répétitions de motifs mélodiques, des réponses en écho dans différents registres ; la partie rythmique, faite des motifs que chantent les oiseaux; et la partie harmonique, la partie «eau», faite par exemple du clapotis d'un ruisseau ou d'une rivière ou par la pluie qui tombe. Enfin, il faut ressentir la pulsation de base de toute cette nature, qui donne un sentiment d'unité et de continuité.

Il est intéressant d'éveiller l'enfant aux sonorités de la matière : bois, verre, métal, peau tendue d'un tambour, ainsi qu'aux différentes façons de faire sonner un objet ou un instrument de musique ; on frappe sur un instrument de percussion avec les mains ou une baguette, on gratte une corde de guitare, on agite un hochet ou une cloche, on souffle dans un gazou…

L'enfant est curieux, il adore répéter ces sons et ces gestes qui lui procurent un plaisir instantané. Il ne faut pas hésiter, en tant qu'adulte, à jouer le jeu avec l'enfant et à explorer avec lui toutes les possibilités sonores d'un objet ou d'un instrument de musique. Cette exploration sonore crée des liens avec l'enfant d'une manière inventive.

Les choix musicaux

La musique que vous choisissez pour votre enfant doit vous plaire également ; sinon, l'enfant risque de ne pas y prendre autant de plaisir. Il aime votre présence et votre intérêt pour ses activités.

Il est important de choisir de la musique et des instruments qui sont adaptés au développement sensori-moteur et neurologique de l'enfant. L'écoute de la musique contribue à ce développement en éveillant son attention, sa sensibilité et son affectivité. Par exemple, l'enfant est souvent captivé par une chanson de son âge ; il aime la réécouter, car il la «reconnaît» et il la mémorise de plus en plus, de manière kinesthésique. En effet, l'enfant bouge sur sa musique préférée et essaie de la chantonner. Une fois qu'il a acquis le langage, il peut la fredonner ou la chanter.

Le répertoire de musique enfantine est très large. Au tout début, il faut privilégier la simplicité. Une musique trop complexe empêche l'enfant de s'y reconnaître. Il éprouve alors de la difficulté à retenir les mélodies ou les paroles. Autant que possible, il faut que la musique soit naturelle, c'est-à-dire qu'elle suive naturellement son développement.

Plusieurs méthodes d'initiation à la musique recommandent d'utiliser au début des mélodies pentatoniques, c'est-à-dire des mélodies faites à partir d'une gamme à cinq sons, comme la gamme formée par les notes noires du piano. Ces mélodies sont toujours harmonieuses, avec une sonorité orientale. Elles sont faciles à reconnaître et ne contiennent pas de dissonances qui pourraient rebuter de jeunes oreilles. La gamme pentatonique est une des premières à être apparue dans l'histoire de l'humanité. Elle est le reflet universel des intervalles mélodiques que la plupart des enfants chantent spontanément, comme la tierce mineure descendante, utilisée dans toutes les cours d'école pour montrer leur supériorité.

Par ailleurs, tout le répertoire des chants traditionnels folkloriques est intéressant. Il fait appel aux racines culturelles de l'enfant et il développe un sentiment d'appartenance. Il contient des chants simples, mais complets en soi, dont les phrases se répètent afin d'être faciles à retenir. Ces chants ont traversé le temps sans jamais perdre de leur valeur.

Il ne faut pas hésiter à encourager l'enfant à chanter tout en chantant avec lui. Le chant a de grandes vertus. Nous verrons ce point en détail dans les chapitres suivants. Vous pouvez aussi puiser dans le répertoire de musique populaire en fonction de la langue maternelle et de la culture de l'enfant. « En chantant pour votre bébé, vous l'aidez à écouter et à parler[11]. »

Il existe aussi des œuvres classiques qui sont accessibles à l'enfant et qui permettent de l'initier à la musique instrumentale. Ainsi, on oublie souvent que c'est le compositeur allemand Brahms qui a écrit la fameuse berceuse que tant de mères chantent à leur enfant.

Certaines constantes peuvent guider nos choix musicaux. Par exemple, ceux qui aiment la musique dite « classique » pourront tirer profit des symphonies, qui comptent trois ou quatre mouvements faisant alterner des mouvements vifs et lents. Les mouvements *allegro* et *presto* sont entraînants, tandis que les mouvements *adagio* et *largo* ou *lento* sont plus calmes. On fait écouter un mouvement qui convient à l'enfant pour lui permettre d'apprivoiser ce type de musique. Certains préfèrent un « concerto », qui représente un dialogue entre un instrument solo et l'orchestre, ou de la « musique de chambre », c'est-à-dire un ensemble plus restreint d'instruments, ce qui donne un sentiment d'intimité. Par ailleurs, les nocturnes et les berceuses ont en général un effet calmant.

Une écoute musicale guidée peut tenir l'enfant captif, si le parent ou l'enseignant en musique attire son attention sur certains sons ou sur des instruments insolites. Plusieurs œuvres musicales rejoignent l'imaginaire de l'enfant. En voici quelques-unes :

- *La symphonie des jouets*, de Léopold Mozart, le père d'Amadeus
- *La symphonie Surprise*, de Joseph Haydn

---

11. CAMPBELL, D. *L'effet Mozart sur les enfants.* Montréal : Le Jour, éditeur, 2001. p. 97.

- *Le carnaval des animaux*, de Camil Saint-Saëns
- *Pierre et le loup*, de Prokofiev
- *Le sacre du printemps*, de Stravinsky
- *Petrouchka*, de Stravinski
- *L'Oiseau de feu*, de Stravinski
- *Casse-Noisette*, de Tchaïkovsky

Les films pour enfants font souvent appel à la musique classique ou à une musique de style classique. Il en est ainsi du film *Beethoven*, qui débute avec la célèbre *Symphonie n° 5*. Souvent, on retrouve aussi de la musique de style « classique » dans les films de Walt Disney. C'est le cas, bien sûr, du film *Fantasia*, entièrement basé sur des extraits de grandes œuvres du répertoire.

Les enfants aiment également qu'on leur parle des instruments anciens, qu'on utilisait au Moyen Âge, à la Renaissance ou à l'époque baroque. Ils furent les ancêtres d'instruments utilisés aujourd'hui. C'est le cas du luth, du clavecin, du psaltérion, de la flûte baroque, du hautbois d'amour... Ces sonorités font voyager dans le temps et nourrissent l'imaginaire fertile de l'enfant qui se retrouve au temps des troubadours.

Aujourd'hui, les enfants sont exposés à des musiques qui viennent de tous les pays et qui sont teintées de multiples couleurs. On peut les initier à ces nouvelles sonorités et à ces instruments inusités, autant d'occasions exceptionnelles de découvrir le monde.

À mesure qu'ils grandissent, il faut oser faire entendre de nouvelles musiques aux enfants. La règle de base consiste à débuter avec des musiques familières, puis d'en introduire graduellement des nouvelles. En faisant cela, on prend bien soin d'observer les réactions des enfants. Ont-ils le goût de bouger et de chanter avec la musique ?

Il faut garder l'esprit ouvert et savoir qu'un enfant peut très bien se sentir à l'aise avec de la musique contemporaine, alors qu'elle paraît souvent difficile d'accès aux adultes. Certaines musiques sont très vivantes et explosives. Il faut tout de même tenir compte du niveau de dissonances, de sons aigus ou stridents de certaines œuvres qui pourraient trop «demander» à l'enfant.

La musique doit répondre aux préférences de chacun. On ne peut pas généraliser sur les effets de la musique, car les goûts et les affinités dépendent de chacun. Il faut parfois se méfier des «cassettes toutes faites». Un enfant peut aimer la musique de Mozart tandis qu'un autre n'y goûtera aucunement. Il faut tenir compte de l'enfant, de son état et du moment de l'écoute.

Il faut toujours tenir compte du niveau de réceptivité de l'enfant. Si l'enfant est agité, il ne répondra pas à une musique dite «calme». Il aura besoin d'un moment de transition. On pourra débuter avec une pièce plus dynamique pour ensuite passer à une pièce plus calme. Dans un autre cas, avec un enfant qui a besoin d'être stimulé, on débutera avec une pièce qui correspond à son état pour ensuite l'emmener à écouter une pièce plus animée. Cette façon de faire s'inspire du principe de l'ISO, largement utilisé en musicothérapie. Le concept de l'ISO n'est pas nouveau, mais il n'a été appliqué à la pratique de la musicothérapie que dans les années 1950 par des musicothérapeutes comme Benenzon. Le principe de l'ISO en musicothérapie consiste à improviser ou à faire écouter une musique qui reflète l'état physique et psychologique de la personne, afin de le toucher.

Il est bon de faire écouter de la musique dès le jeune âge, non pas de façon continue, mais plutôt en choisissant des moments privilégiés où l'on prend le temps d'apprécier et d'écouter, de vivre ensemble la musique. On peut commencer par des extraits courts et observer la réceptivité de l'enfant.

La musique ne doit pas être un bruit de fond du style « musique d'ascenseur », comme c'est trop souvent le cas de nos jours.

Le coucher est un moment privilégié où l'on peut utiliser la musique pour inciter l'enfant à s'endormir ou pour diminuer son anxiété. L'enfant a besoin d'un moment de transition avant le sommeil. Après le repas, après les devoirs, le jeu à l'intérieur ou dehors, après le bain, il a parfois un trop-plein d'énergie qui l'empêche de s'endormir. La musique peut le préparer à la nuit. Les pièces de guitare, de piano, de violoncelle s'avèrent efficaces grâce à leur caractère intime. Les berceuses instrumentales ou vocales, avec leur mouvement de balancement, ont un effet d'entraînement pour l'enfant, comme si la musique le berçait.

L'instrument à prioriser reste la voix. La voix chantée du parent communique l'attachement et l'affection. Vous pouvez improviser une berceuse en y incluant le prénom de l'enfant. Il se sentira directement interpellé. Il sentira à quel point il compte pour vous. Cela répondra à son besoin de se sentir aimé, de grandir en confiance, sachant que vous êtes là pour lui. Vous pouvez aussi utiliser une berceuse ou une chanson qui existe déjà et en changer les paroles. Ou vous pouvez chanter sur une mélodie déjà enregistrée et y ajouter les paroles de votre cru.

La musique en direct (« live ») ne touche pas de la même manière que la musique enregistrée. Elle fait un effet plus immédiat, plus sensoriel.

Enfin, vous trouverez en annexe la description des différents éléments musicaux, de différentes époques en musique, ainsi que certaines références pour vous guider dans vos choix musicaux et instrumentaux.

La musique que l'on joue

L'enfant peut apprendre à jouer d'un instrument de musique, participer à des groupes d'éveil musical ou encore recevoir des cours d'éducation musicale à l'école. Cela comporte plusieurs avantages en plus de celui de maîtriser un instrument. Pour arriver à cette maîtrise, l'enfant franchit des étapes qui sont toutes aussi importantes que le résultat final. Il doit apprendre à écouter son jeu, à coordonner ses mouvements sur le plan psychomoteur, à développer sa mémoire, à affiner sa sensibilité, à s'extérioriser. L'enfant en retire une satisfaction et une fierté. Ses succès contribuent à augmenter sa confiance.

Il importe que les parents offrent des choix à leur enfant afin qu'il s'épanouisse dans ce qui lui correspond le mieux, que ce soit la musique, l'art, la danse, le théâtre, le sport, la science ou toute autre activité formatrice. Il se peut que l'enfant veuille apprendre un instrument de musique ; si tel est le cas, il faut être certain qu'il y trouve du plaisir. Par contre, l'éveil musical et l'éducation musicale devraient être offerts à tous les enfants et s'intégrer au cursus scolaire. En attendant que cela se fasse, les garderies, les écoles de musique, les universités et les municipalités offrent souvent des cours d'éveil musical pour les enfants. Ces cours se donnent en groupe. On y explore la musique de façon rythmique, mélodique et corporelle. L'enfant participe activement en jouant des instruments de musique adaptés à son âge et à son développement.

Jouer d'un instrument

Le premier réflexe d'un enfant devant un instrument de musique, c'est d'en jouer. Il est naturellement attiré. Les adultes ont parfois perdu cette capacité et n'osent pas s'aventurer, de peur de ne pas « savoir jouer » ou de sonner « faux ».

L'instrument de musique que l'on décide d'acheter doit être de bonne qualité. Les instruments-jouets sont à déconseiller, car leur pauvre qualité sonore nuit au développement optimal de l'oreille. Ils sont souvent bruyants et dissonants, ils produisent des sons explosifs ou saccadés. Ainsi, ce qu'on appelle sur le marché un «xylophone» pour enfant est en fait un carillon ou un métallophone. Il s'agit d'un instrument qui résonne long-temps et qui permet mal de discerner les sons, car ceux-ci se «mélangent», ce qui provoque de la confusion. En effet, l'oreille doit constamment s'ajuster et elle se fatigue à force de rechercher la précision du son.

De façon générale, il est recommandé d'éviter les sons aigus avec un très jeune enfant; il est préférable d'utiliser des instru-ments ayant des sons moyens ou graves, qui sont faits de bois, comme un xylophone basse ou alto. Cet instrument a un son assez grave et les lames sonores (les touches) sont larges, donc faciles à repérer. L'enfant perçoit bien le son et peut mieux adapter son geste à ce qu'il entend, car pour produire un son, il doit coordonner sa main, son œil et son oreille. Plus l'instru-ment est petit, plus il produit de hautes fréquences et plus la tâche de jouer se complique pour lui[12].

La musique représente un moyen d'expression naturel, spon-tané et non menaçant, car il n'implique pas de processus d'ana-lyse. En effet, l'enfant n'est pas encore à cette étape dans son développement.

La musique que l'on chante

«Un enfant qui chante est un enfant heureux», rappellent souvent les pédagogues de la musique.

Le chant est un moyen d'expression exceptionnel qui apporte de nombreux bienfaits. Physiquement, il fait appel au souffle, à la respiration, au tonus corporel et à l'acuité auditive. Il con-tribue à développer l'organe de l'audition, l'oreille, essentiel à l'apprentissage du langage.

---

12. DESPINS, J.P. *Musique et neurosciences.* [Cours MUS 3800]. Montréal: Uni-versité du Québec à Montréal (UQAM), 2003, p. 208.

Sur le plan psychologique, le son produit par la voix projette l'enfant vers le monde extérieur. On ne peut avoir une expression aussi personnelle et unique. On le sait, la voix a sa propre empreinte, tout comme une empreinte digitale. Il n'y a pas deux voix identiques. La voix constitue notre identité personnelle. L'enfant peut donc sentir vibrer son corps de la tête au pied. Il devient un instrument de musique.

Le travail vocal contribue aussi à diminuer les tensions internes et physiques, car l'enfant s'investit complètement, physiquement et mentalement, lorsqu'il chante. Son attention se concentre sur la respiration, la posture, la mélodie et le rythme du chant. La tension « malsaine » est neutralisée par une tension « contrôlée », nécessaire à l'exécution du chant. Dans le chant choral, toutes les voix s'unissent pour soutenir le chant de chacun.

La chanson est souvent accompagnée de mouvements et permet au cerveau de s'activer doublement, au plan moteur et intellectuel, tout en travaillant la mémoire.

La créativité

La créativité est un élément essentiel à notre existence. Elle n'est pas seulement réservée aux artistes, car nous avons tous la faculté d'être créatifs. Cette faculté est encore plus évidente chez l'enfant. Dès son jeune âge, exempt de tabous, d'inhibition et de jugements internes, il aime s'exprimer par toutes sortes de moyens. Il attribue à des objets anodins des fonctions et des rôles… pour servir son imagination. Il a cette capacité extraordinaire de puiser dans son imaginaire pour intégrer ce qui l'entoure, particulièrement en période d'adaptation ou de stress, en situation de maladie, de perte, de traumatisme…

Il faut donc offrir un espace de créativité à l'enfant, quel que soit son âge et sa condition, afin qu'il dépasse ses limites et réalise son potentiel. Par nature, l'enfant est créatif. Il a énormément de ressources qui n'attendent que d'émerger. Quand nous lui offrons les conditions nécessaires pour l'éveiller à ce qui l'entoure — expériences sensorielles visuelles, auditives, tactiles, gustatives, olfactives —, il s'épanouit selon son stade de développement.

La créativité est une faculté que l'on possède tout au long de sa vie. Cette faculté est parfois en période de dormance — car nous n'utilisons généralement qu'un faible pourcentage de notre potentiel créateur — mais elle reste quand même intacte. Bien qu'elle apporte beaucoup de plaisir d'accomplissement, sa fonction principale consiste toutefois à nous amener à trouver des solutions, « à se creuser les méninges » afin d'améliorer notre condition ou notre situation. Elle nous invite aussi à explorer des zones inconnues et parfois inconfortables.

Chez l'enfant et l'adolescent, les sentiers de la créativité aboutissent souvent à une hausse de l'estime et de la confiance en soi, à la valorisation et au renforcement de l'identité personnelle.

Nous verrons aussi que la créativité est un élément central en musicothérapie, où tout est basé sur l'expression de soi, qui n'est ni jugée, ni évaluée. La musique ouvre toutes grandes les portes du monde créatif de l'enfant.

La créativité est un immense réservoir de ressources qui contribuent à l'expansion psychique, intellectuelle et sociale. La créativité repousse les limites, en offrant des possibilités infinies d'exploration. Pour s'exprimer, la créativité nécessite une « ...absence de rigidité, un sens de liberté, une situation propice à l'expression, l'accessibilité à des moyens d'expression et le jeu spontané[13] ».

---

13. KENNY, C. *Le champ du jeu : un guide pour la théorie et la pratique de la musicothérapie. (The Field of Play : A Guide for the Theory and Practice of Music Therapy.* Ridgeview Publishing Company) Montréal : Association québécoise de musicothérapie, 1989.

La communication

La musique offre deux modes de communication : le mode non verbal et le mode préverbal.

Comme mode non verbal de communication, la musique est le langage du senti, de l'intuition et de l'affectivité. Elle se marie tout naturellement au monde de l'enfant parce qu'elle le rejoint dans son monde sensoriel, moteur et intellectuel, et qu'elle s'adapte à lui.

Il arrive que la communication non verbale — langage corporel, expression faciale, intonation de la voix — soit plus efficace que la communication verbale. Déjà, vers six ou huit mois, le tout-petit reconnaît l'intention dans l'intonation de la voix. Il ressent la colère ou la joie ; il expérimente le monde grâce à ses sens, ses yeux, son odorat, le toucher, le goût et l'audition. C'est par ses sens qu'on peut le rejoindre. Dans le cas de la musique, l'audition est en vedette. On doit donc stimuler l'enfant sur le plan sonore, sans toutefois le stimuler outre mesure ; le gaver de stimulations sensorielles risque de provoquer l'effet contraire et de l'inhiber dans son apprentissage, de le rendre moins réceptif aux sons qui l'entourent. Il faut être attentif à ce que l'enfant peut absorber.

La musique est un langage tout en nuances qui exprime souvent ce que les mots ne permettent pas de dire. Ainsi, une chanson ou une pièce instrumentale peut représenter, avec une assez grande exactitude, ce que l'on ressent ou ce que l'on aimerait dire. La musique transcende et exprime au-delà des mots. Pour des enfants qui n'ont pas développé le langage ou qui n'ont pas les mots pour dire ce qu'ils ressentent, une mélodie, une improvisation ou une chanson remplit souvent ce rôle. Par exemple, un petit garçon qui vivait beaucoup de tristesse face à la maladie terminale de son père demanda un jour à la musicothérapeute de lui jouer, à lui et à son père, la « chanson triste, celle de Jésus »; il s'agissait de l'*Ave Maria* de Schubert, qu'il avait dans son petit livre *La Bonne Chanson*.

Il arrive qu'un enfant chante à répétition des chansons qu'il connaît ou qu'il invente à mesure pour communiquer des messages, des états d'âme impossibles à exprimer en paroles. Même si la musique représente un langage complexe (mélodie, rythme, harmonie, sonorité des instruments, tonalité, modes), l'enfant n'a nullement besoin d'en maîtriser tous les éléments pour exprimer ce qu'il ressent.

Comme mode préverbal de communication, la musique et les sons qui la composent servent principalement, depuis le tout début des temps, à communiquer pour la survie de la race humaine et de la collectivité. On communiquait entre villages ou régions éloignées par le son des tambours ou de la voix, afin d'avertir d'un danger ou simplement pour envoyer un message.

De même, tous les bébés du monde gazouillent, babillent et vocalisent avant de s'exprimer dans leur langue maternelle. Cela représente l'étape nécessaire à l'acquisition du langage. C'est en quelque sorte leur monde préverbal et musical.

« Avant de parler, l'enfant doit se syntoniser, c'est-à-dire sélectionner les couleurs sonores propres à sa langue et, simultanément, se synchroniser, c'est-à-dire éliminer les rythmes qui ne sont pas compatibles avec sa langue maternelle. C'est ce qu'il réalise lorsqu'il vocalise, lorsqu'il babille; il sélectionne et élimine tout à la fois, dans un jeu de modulation engendré par l'environnement vocal dans lequel il baigne. Il commence à combiner graduellement en séquences les voyelles (basses fréquences) avec les consonnes (hautes fréquences). Le tout devient syllabe avant de se transformer en langage courant[14]. »

---

14. DESPINS, J.P. *Musique et neurosciences*. [Cours MUS 3800]. Montréal : Université du Québec à Montréal (UQAM), 2003, p. 195.

Les recherches sur le cerveau nous démontrent que le langage se développe principalement dans des aires de l'hémisphère gauche. La musique, pour sa part, fait appel aux deux hémisphères, car elle s'adresse autant aux aspects analytiques que globaux. Certes, on retrouve des spécificités reliées à la musique dans l'hémisphère droit, mais il y a une interrelation essentielle entre les deux hémisphères pour que l'on puisse analyser l'information de façon adéquate.

La musique offre donc un soutien inestimable pour apprendre une langue, car elle précède le langage parlé, elle existe avant les mots. Le langage musical, dans lequel nous pouvons inclure les premiers sons, les intonations, les nuances et les vocalises de l'enfant, s'installe longtemps avant le langage verbal, quand le tout-petit tente de communiquer avec son entourage, ses parents, ses frères et ses sœurs.

La musique prépare l'enfant à recevoir les composantes de base du langage, celle du rythme et de l'intonation. Les consonnes, les voyelles et les mots se déposent tout naturellement sur cette structure musicale déjà établie. Les chercheurs en neuropsychologie de la musique tendent à établir que la musique est un langage inné, que ses structures sont déjà présentes avant la naissance.

Si on met en parallèle la musique et la parole, on arrive aux similarités que présente le tableau de la page suivante.

Les comptines et les rimes contribuent au développement du langage et font partie intégrante des méthodes d'apprentissage. Leur structure rythmique soutient les mots. Les enfants développent aussi leur sens du rythme. On peut se servir de chansons traditionnelles et changer les mots pour faire acquérir du vocabulaire aux enfants.

On varie les syllabes, les mots, les thèmes etc. Par exemple, avec la chanson *J'ai un beau château*, on travaille les sons suivants : a-eau et le thème de l'habillement. J'ai un beau château…

MUSIQUE		PAROLE
Mélodie:	phrasés	phrase
	modulation	intonation
	liaisons	contour
	accents	accents toniques (en français, généralement sur la dernière syllabe, en anglais, sur la première)
	cadences	fin de phrase
Rythme/tempo: lent/rapide		débit
Registre: basse/ténor/alto/soprano Enfant: soprano/chant d'enfant		Registre: voix grave, aigu
Silence/pause		Silence/pause
Volume, dynamique, nuance: doux/fort		Voix douce/moyenne/forte

J'ai un beau chapeau… J'ai un beau manteau… Puis les couleurs: J'ai un chapeau bleu… J'ai un manteau vert… Et ainsi de suite. Toujours en respectant le nombres de syllabes et la mélodie.

Il devient parfois complexe de parler de communication chez l'enfant. En effet, plusieurs facteurs représentent des embûches pour le petit qui veut se faire comprendre, par exemple l'âge, le niveau de développement, les difficultés de langage, les expressions, la langue maternelle différente de la langue d'accueil, la pénurie de mots traduisant bien un sentiment donné. La musique offre à l'enfant une solution de rechange pour entrer en contact avec les autres.

La qualité de l'environnement sonore

Selon les spécialistes de l'oreille, il semble que l'humanité devienne de plus en plus sourde! Le niveau de décibels a considérablement augmenté depuis l'avènement de l'industrialisation. Malheureusement, on ne peut pas se boucher les oreilles. On peut se fermer les yeux pour les reposer, mais l'oreille, elle, subit les sons, qu'ils soient brusques, saccadés, stridents ou subtils, comme les bruits de fond des grandes villes. Les spécialistes en audiologie affirment que, depuis les dernières décennies, notre oreille a perdu graduellement de son acuité.

L'oreille nous tient d'abord lieu de système d'alarme. Dès la naissance, et même déjà dans le milieu utérin, nous reconnaissons un certain nombre de sons, qui vont de l'agréable au désagréable, ce dernier avertissant d'un danger. L'oreille opère une sélection constante afin d'adapter notre réaction à l'environnement. C'est ainsi que l'oreille nous conditionne à toutes sortes d'émotions, plaisir, peur, surprise…

L'environnement sonore de l'enfant doit être adéquat. La structure sonore doit être sécurisante, stable à l'abri de la pollution et de ces bruits inutiles et agressants qui sèment la confusion et déstabilisent les repères.

La première étape consiste à répertorier les sons environnants, d'abord à la maison, le principal milieu de vie de l'enfant. Il est surprenant de constater à quel point nous nous attardons peu à écouter les sons qui nous entourent. Il y a évidemment des sons que nous subissons, mais dans la mesure du possible, on devrait éliminer les sons inutiles, comme ceux de la télévision ou la radio que personne n'écoute.

Il faut savoir qu'on ne doit pas exposer les enfants, et même les adultes, à de hautes fréquences, c'est-à-dire à des sons trop aigus. Il ne faut pas non plus dépasser le seuil d'intensité sonore de 75 décibels, comme cela est recommandé par l'Organisation mondiale de la santé, au risque de causer des dommages au système auditif. On sait qu'on a dépassé ce seuil quand on est obligé d'élever la voix pour parler à quelqu'un (*voir Annexe 4, en page 165*).

Dans les lieux situés à l'extérieur de la maison et où l'enfant passe plusieurs heures, comme la garderie ou l'école, il y a plusieurs moyens simples de diminuer le volume sonore causé par les cris et les pleurs des enfants; par exemple, on peut utiliser des panneaux acoustiques. Des pièces plus petites, ainsi que de plus petits groupes, contribuent à diminuer l'intensité sonore d'une salle. On peut également consulter des spécialistes en acoustique pour faire en sorte que le milieu irrite et stresse moins les enfants et les adultes qui y travaillent.

L'oreille a souvent besoin de se reposer, elle qui est constamment sollicitée dans le quotidien. Quand on soumet l'enfant à trop de sons à la fois, on l'oblige à faire un travail imposant de discrimination.

De plus, notre tolérance au bruit diminue avec l'âge. À l'adolescence, nos oreilles peuvent encore supporter des sons très forts, mais avec le temps il devient de plus en plus difficile de le faire.

Il faut profiter du fait que les enfants d'aujourd'hui sont beaucoup plus sensibles à l'environnement et à la pollution. Il utilisera cet éveil à l'environnement pour y inclure la prévention et l'éducation de l'impact de l'environnement sonore sur tous et chacun.

CONSEILS AUX PARENTS

- Respecter le rythme de l'enfant dans sa découverte du monde sonore et musical.

- Encourager ses efforts créatifs.

- L'exposer à un large répertoire musical conforme à son âge.

- Offrir à l'enfant un environnement sonore sain.

- Protéger l'ouïe comme on protège les autres sens, la vision, le toucher, l'odorat et le goût. Éviter à l'oreille les sons inutiles, inappropriés ou agressants.

- Choisir des moments privilégiés, comme celui du coucher, pour écouter une pièce de musique avec l'enfant ou pour lui chanter une berceuse «personnalisée», improvisée sur le moment, et qui inclut son prénom.

- Monter une discographie en empruntant des disques dans les bibliothèques publiques et en assistant à des concerts pour trouver la musique qui convient le mieux à la famille.

- Apprendre à l'enfant à respecter la musique et ses artisans. Ne pas copier ou pirater de disques, car à la longue c'est la création, l'interprétation et la diffusion musicale qui en souffrent. Au même titre que l'on ne copie pas une œuvre d'art, on doit aussi honorer le travail des musiciens.

Les effets de la musique

La musique a des effets physiques, intellectuels, affectifs et sociaux. Elle rejoint l'enfant dans toutes les sphères de son développement.

Sur le plan physique

Il se fait beaucoup de recherches, partout dans le monde, sur les effets de la musique. Ces recherches, quelles soient quantitatives ou qualitatives, isolent beaucoup de variables, car la musique et l'être humain sont des réalités complexes. On a déjà observé les effets physiologiques de la musique sur les plantes et les animaux; on a ainsi découvert que certains types de musique, comme la musique dite classique, influencent favorablement la croissance du règne végétal et animal.

D'autres études ont démontré que la musique influence notre métabolisme en agissant sur la respiration, le rythme cardiaque et la pression artérielle. La musique a aussi pour effet de stimuler la production d'endorphine, une hormone naturelle qui calme la douleur.

De plus, des études indiquent que l'utilisation judicieuse de la musique tend à diminuer le niveau de stress et à renforcer le système immunitaire. Bien sûr, le stress est nécessaire pour réagir devant le danger. Le corps produit alors de l'adrénaline qui, à son tour, fait monter le taux de cortisol, l'hormone du stress. Cependant, quand une condition de stress persiste, le corps reste « sous tension » de manière continue et le cortisol tend à inhiber le travail du système immunitaire. Or, le système immunitaire est conçu pour combattre la maladie causée par des virus ou des bactéries. Si ce système est inhibé, le corps est plus vulnérable. Par conséquent, en écoutant une musique qui lui plaît, une personne augmente sa production d'endorphine. Cette hormone est liée à la sensation de plaisir et contrecarre les effets du stress. Ce phénomène devient un atout quand on l'applique à des enfants qui vivent des situations de stress ou qui ont des problèmes de santé[15].

On pourrait dire que le corps est comme un instrument de musique. Il résonne et vibre aux sons. On observe cela facilement chez les enfants. Il suffit de les regarder bouger en écoutant une musique dynamique ou s'apaiser en entendant une musique douce. Les enfants réagissent spontanément au rythme.

Au XVIIe siècle, on a mis en évidence la loi physique qui veut que deux corps en présence dans une pièce et qui vibrent à des

---

15. TAYLOR, D.B. *Biomedical Foundations of Music as Therapy*. St-Louis: MMB Music Inc., 1997. p. 108.

fréquences différentes finissent par se rejoindre pour vibrer à l'unisson. C'est ce que l'on observe quand on fait écouter de la musique à des enfants ou même à des adultes. La musique et l'enfant finissent par se rejoindre et par « s'accorder ».

Le rythme

Chez l'enfant, tout passe par le corps. C'est une façon de se connaître soi-même et de connaître le monde. La musique est rythme et l'enfant y réagit tout naturellement. Or, le rythme est aussi un des fondements du langage parlé. Sans le rythme, il n'y a ni musique ni langage parlé !

Le rythme est vie : pensons au rythme cardiaque, au rythme respiratoire, au mouvement de marche, etc. Le corps devient un instrument de musique quand on apprend à l'enfant à faire des percussions corporelles : taper des mains, taper sur les cuisses, frapper les pieds sur le sol, claquer des doigts. Ces jeux, ainsi que les jeux de vocalises, d'imitation et de création de sonorités contribuent à développer la latéralisation, à reconnaître la gauche de la droite, le rythme intérieur, le schéma corporel, la concentration.

La chanson constitue un moyen facile et amusant de mémoriser les parties du corps, de se les représenter dans l'espace, avec leur mouvement. On trouve dans la tradition de nombreux exemples de chansons qui permettent ces jeux, par exemple *Savez-vous planter des choux ?*, *Trois fois passera* ou *Sur le pont d'Avignon*.

La musique permet aisément de développer la coordination psychomotrice. Il suffit d'accompagner le son avec un geste. On donne différentes consignes à l'enfant. Dans une activité donnée, on lui demande de s'accroupir quand il entend un son grave ; quand le son est aigu, il se met sur la pointe des pieds. On peut varier les consignes et développer ainsi son agilité auditive et motrice.

Le rythme amène l'enfant à maîtriser ses mouvements, ses pas, ses gestes. L'utilisation de mouvements musicaux lents, modérés ou rapides ajoute à la flexibilité de l'enfant. On varie la musique en rythme, en intensité, en durée, en registre, etc.

On peut faire écho au rythme de la marche de l'enfant en frappant sur un tambour à chaque pas que fait l'enfant pour qu'il en prenne conscience. Cet exercice tout simple l'aide à coordonner ses mouvements et à régulariser son rythme. Ensuite, on ajoute des variantes en modifiant le tempo, en donnant de nouvelles consignes : « Quand le tambour arrête, tu arrêtes de marcher » ; « Avec tel rythme, tu cours ou tu sautes ». La méthode d'éducation musicale Dalcroze travaille ainsi sur le mouvement. Tout comme la méthode Orff, cette approche est très créative et bien adaptée au développement psychomoteur et intellectuel de l'enfant.

Des mouvements simples aident l'enfant à s'orienter dans un espace ou à intégrer des concepts mathématiques. Par exemple, on demande à l'enfant de former un carré, un cercle ou un triangle en marchant sur une musique à la rythmique binaire ou ternaire. Ou encore on lui demande de marcher comme tel ou tel animal, soutenu par une musique représentative, sur des instruments dont la sonorité rappelle l'animal en question.

Une autre façon de développer le rythme consiste à demander à des enfants, placés à la queue leu leu, de taper un rythme dans le dos de celui de devant qui doit transmettre le message rythmique au suivant.

Tension et détente

La musique est aussi une représentation physique du phénomène de tension/détente. La musique occidentale, qui est fondée sur le système tonal, présente des mouvements de tension/détente créés par les éléments musicaux. Le rythme s'accélère, la mélodie s'élève dans des mouvements ascendants, le volume s'amplifie en crescendo, le nombre d'instruments dans l'orchestration augmente, une note est tenue, un accord se complexifie, et tout cela crée une tension qui se développe jusqu'à un sommet où cette tension tombe et arrive à une résolution, ce qui donne un sentiment de détente. Ces cycles se répètent continuellement dans les pièces musicales.

Le corps, qui vit aussi des tensions, a besoin de moments pour récupérer ou se détendre. On le constate notamment dans le battement du cœur. Le tracé d'un électrocardiogramme nous montre un sommet, au moment de la contraction du ventricule cardiaque, qui redescend par la suite pour entrer dans une phase de récupération, suivie d'un autre sommet, et cela se répète à chaque battement cardiaque. Le même phénomène se produit pour la respiration. On inspire, les poumons se gonflent jusqu'à une tension maximum, puis on expire jusqu'à une tension minimum. Ce scénario se répète à chaque respiration : tension/détente.

La nature est faite de ces cycles naturels. Ainsi, les marées montent et baissent, la nuit suit le jour, tout renaît au printemps et s'endort en hiver.

Ces observations ont été mises en parallèle par une musicothérapeute américaine d'origine autochtone, Kenny, qui voit dans la musique de grands pouvoirs de guérison.

Ce phénomène naturel de tension/détente, nécessaire à l'être humain, occupe une bonne place en musicothérapie, car la musique entraîne le corps dans un phénomène similaire, par ses propres éléments de tension/détente. On en trouve un autre exemple dans la méthode de relaxation Jacobson, où l'on contracte les muscles avant de les détendre.

Lorsque l'on est tendu, on veut se détendre. Quand on utilise des exercices de respiration et une musique qui équilibre les instants de tension et de détente, on peut y arriver. Cela demande parfois un certain entraînement. On trouve tous ces éléments dans la musique dite « classique », c'est-à-dire celle de l'époque baroque, du classicisme et du romantisme entre autres.

La musique appelée « nouvel âge » est souvent qualifiée de musique de relaxation. On la confond aussi souvent à tort avec la musicothérapie. Or, ce type de musique contient très peu d'éléments de tension/détente nécessaires à la « détente ». Elle est plutôt « flottante » et « nébuleuse ». Il est parfois nécessaire d'être déjà dans cet état pour ressentir une détente.

Il arrive qu'on impose ces musiques à cause de leur étiquette « relaxation » en voulant bien faire. Il faut toujours vérifier avec l'enfant ou sa famille si cette musique correspond à leurs besoins et à leurs goûts.

Enfin, en général il est préférable de choisir des musiques qui sont jouées par des instruments acoustiques et non par des « synthétiseurs ».

Sur le plan affectif

Des chercheurs de renommée internationale, Isabelle Peretz de l'Université de Montréal et Robert Zatorre de l'Université McGill et leurs équipes respectives, poursuivent des recherches fort intéressantes dans les domaines de la musique et de la neuropsychologie. Ils ont publié plusieurs articles qui commencent à jeter de la lumière sur ce vaste champ qu'est l'effet de la musique aux plans neurologique, psychologique et affectif.

Les recherches dans ce domaine n'en étant qu'à leurs débuts, il nous faut rester prudents dans ce que nous croyons être la « vérité absolue » sur les interrelations entre musique et cerveau.

Plusieurs questions demeurent. Par exemple, la musique fait-elle partie seulement du monde subjectif ? Dans quelle mesure ce que nous ressentons dépend-il de notre culture, de notre vie, de notre personnalité ou d'autres facteurs, qu'ils soient génétiques, biologiques ou chimiques ? Y a-t-il une part objective à la musique ?

Nous ne prétendons aucunement faire le tour de ces questions, car notre but consiste d'abord à encourager les enfants, les parents et les éducateurs à faire de la musique leur alliée dans le domaine de l'éducation et de la thérapie. Cependant, nous voulons rappeler certaines données relatives aux liens entre la musique et le cerveau.

Avant d'atteindre les fonctions auditives supérieures, la musique commence à agir sur le thalamus, qui transmet les sensations et les sentiments à l'hypothalamus et au système limbique, où se trouve le centre des émotions[16]. Dans l'évolution du cerveau humain, le système limbique constitue une partie très ancienne. Une de ses fonctions consiste à traduire les stimulations extérieures en émotions. Ce système s'active avant d'autres parties du cerveau qui s'occupent de fonctions plus abstraites et complexes. C'est aussi à partir de ce système que sont sécrétées des substances comme les endorphines, ces acides responsables du sentiment de bien-être et de plaisir qui calment la douleur.

La musique emprunterait donc ce chemin, celui du senti et de l'émotion. C'est pourquoi elle toucherait directement ; on dit souvent qu'elle est le « langage des émotions ». Elle s'offre à l'oreille et on en retient ce que l'on veut, selon son âge et les besoins du moment. Ce niveau de perception sensorielle est le niveau de prédilection de l'enfant, qui interprète le monde à partir de ce qu'il ressent.

Bien sûr, la musique procure des émotions, mais savons-nous comment cela se passe ? Est-ce la musique elle-même qui contient l'émotion et la transmet ? Une œuvre musicale impose-t-elle une émotion donnée ? Ou est-ce que la musique ne fait

---

16. TAYLOR, D.B. *Biomedical Foundations of Music as Therapy*. St-Louis : MMB Music Inc., 1997. p. 108.

qu'éveiller des émotions latentes, prêtes à resurgir quand l'état psychologique et physique le permet? Et pour finir, qu'est-ce qu'une émotion?

De façon générale, les effets psychologiques ou émotionnels sont difficiles à mesurer, comparativement à des états physiologiques ou intellectuels, car ils sont souvent très personnels. On associe aisément une musique à un souvenir ou à une personne aimée. Quand nous connaîtrons mieux l'origine de l'émotion, l'action qu'elle exerce sur le corps et la pensée, ses aspects bio-neuro-psychologiques, nous serons plus en mesure de connaître l'influence de la musique sur l'affectivité. De plus, il faut garder en mémoire que nous ne sommes pas divisés en corps physique, mental et social, mais que nous formons plutôt un ensemble intégré et que tous les aspects de notre personne sont en constantes interactions.

Dans le monde occidental, la prédominance de la musique tonale nous pousse à avoir certaines attentes. Par exemple, on prête plus souvent des sentiments de joie et de bonheur au mode majeur, et des sentiments de tristesse au mode mineur. Pour approfondir ces avancées, des recherches sont menées au Laboratoire de neuropsychologie de la musique de l'Université de Montréal[17].

Quand on travaille avec des enfants, il faut être ouvert à leur interprétation de la musique et à leur créativité. Ils ne sont pas nécessairement encore très « conditionnés » au plan musical et leur rapport à la musique dépend en partie de leur bagage culturel et de leur environnement familial.

D'abord, qu'est-ce que l'enfant pense de la musique qu'il joue ou entend? Un enfant, surtout en bas âge et à une époque où les objets sont animés, peut spontanément associer un

---

17. BARGIEL, M. « Prélude à la neuropsychologie de la musique et de l'émotion ». *Revue canadienne de musicothérapie* 2000 7 (1): 10-18.

instrument de musique à un personnage, à une couleur, à une image symbolique... Pour l'enfant qui n'a pas encore beaucoup de vocabulaire ni une grande capacité d'abstraction, la musique et les instruments de musique «parlent» de ce qu'il ressent.

La musique est souvent fortement rattachée au monde de l'enfance. Depuis sa naissance et même avant, l'enfant goûte à la musique par la voix de sa mère. Ensuite, son oreille se relie au monde extérieur en écoutant des pièces musicales et des chansons enfantines. C'est pourquoi la musique conserve souvent cette composante affective; chez les adultes, elle ramène un souvenir, un visage, une émotion, etc.

Il est très important, pour son développement affectif, de chanter à l'enfant des chansons personnalisées, improvisées sur le moment. Le philosophe Platon, dans l'Antiquité, faisait remarquer que le comportement de l'enfant s'apaise à l'écoute de la voix chantée de sa mère ou de sa nourrice[18]. Chaque culture possède un répertoire traditionnel de «berceuses» destinées à la petite enfance et qui servent à calmer ou à endormir les enfants. Ces berceuses se caractérisent par des fredonnements, des répétitions de mots, des onomatopées. Des études sur le «chant parental», c'est-à-dire sur les berceuses et l'attachement, rapportent qu'un parent qui chante ou qui s'adresse à l'enfant utilise souvent une «voix plus aiguë, avec plus de variations de hauteurs, à débit plus lent, avec des énoncés plus courts et des pauses plus longues... ainsi qu'une plus grande qualité émotionnelle vocale... et cela, de façon quasi universelle[19]». C'est comme si l'adulte se mettait au diapason du petit.

---

18. VAILLANCOURT, G. «La musicothérapie aux temps des Grecs». *Interventions sonores* 1991 1 (1).

19. BARGIEL, M. «Berceuses et chansonnettes: considérations théoriques pour une intervention musicothérapeutique précoce de l'attachement par le chant parental auprès de nourrissons au développement à risques». *Revue canadienne de musicothérapie* 2002 9 (1): 30-49.

Le parent ne doit pas s'inquiéter outre mesure de la justesse de sa voix quand il chante une mélodie, car l'enfant s'intéresse d'abord à l'intention transmise. Dans la voix chantée, l'enfant ressent la tendresse, l'affection et l'amour, ce qui lui procure un sentiment de sécurité. Le parent qui n'est pas à l'aise avec sa voix peut tout de même utiliser le soutien d'un disque.

Plus l'enfant grandira, plus il apprendra à utiliser ou à écouter la musique pour exprimer ses émotions. L'exemple le plus frappant se situe certainement à l'adolescence, période où la musique est la confidente numéro un. Tous les états d'âme y sont reçus.

C'est un cadeau extraordinaire que d'offrir à l'enfant un moyen comme la musique qui lui permet de s'exprimer et de communiquer aux autres ce qu'il est et ce dont il a besoin. De façon étonnante, la musique est souvent une clef qui ouvre la porte de la communication verbale. Elle aide à mieux se comprendre et à l'articuler en paroles.

Sur le plan cognitif

Le cerveau est sollicité de toutes parts quand il est soumis à la musique. Comme nous l'avons expliqué précédemment, dans la section *La musique que l'on écoute*, le son pénètre d'abord le pavillon externe de l'oreille, puis l'oreille interne, il chemine ensuite jusqu'à la cochlée qui le transmet au nerf auditif vers le cerveau plus « primitif », le bulbe, celui-ci s'occupant des fonctions de survie (battements cardiaques, respiration, métabolisme). Le « courant sonore » poursuit sa route jusqu'au diencéphale où se trouve, entre autres, l'hypothalamus, cette zone associée au système limbique et qui est le siège des émotions. Enfin, le son parvient au cortex cérébral où se trouvent les fonctions cognitives et intellectuelles supérieures[20].

---

20. DESPINS, J.P. *Musique et neurosciences. Neuropédagogie.* [Cours MUS 3800]. Montréal : Université du Québec à Montréal (UQAM), 2002.

Il est intéressant de constater que de plus en plus de recherches concluent qu'en général, les enfants qui fréquentent les écoles à vocation musicale ou qui ont des programmes de musique à l'école réussissent mieux que les autres dans l'ensemble des matières scolaires. Est-ce que cela s'expliquerait en partie par la gymnastique que le cerveau et le corps doivent faire quand l'enfant apprend la musique ? Est-ce que ce processus d'apprentissage pourrait aussi se transposer dans les autres matières scolaires ? À une autre époque, la musique occupait une place beaucoup plus grande en éducation, constituant même une matière aussi importante que les mathématiques et l'apprentissage de la langue maternelle.

L'apprentissage d'un instrument de musique et l'exposition à des musiques riches — au point de vue de la mélodie, du rythme et de l'harmonie — favorisent peut-être le développement de l'enfant. De plus, le choix de la musique aide sans doute l'enfant à réunir les conditions nécessaires au développement global de son intelligence, du moins quand ce choix est adapté au petit et qu'il respecte sa nature et sa personnalité.

Le vaste répertoire de musique « classique », qui s'étend sur plusieurs siècles, offre de multiples possibilités. Cette musique renferme un riche potentiel de développement pour l'enfant parce qu'elle utilise plusieurs éléments de rythme, de mélodie, de nuances et de sonorités instrumentales qu'il peut facilement saisir et utiliser dans ses explorations.

L'enfant développe sa capacité de concentration quand on lui fait écouter de la musique. On varie les styles de pièces et la durée de l'audition. On lui demande de porter attention à certains passages ou à certaines sonorités.

Sachant que la musique « voyage » dans le cerveau, il est intéressant de s'en servir pour développer les capacités intellectuelles de l'enfant. La musique stimule des zones du cerveau qui sont responsables de plusieurs tâches, par exemple la mémorisation, l'attention, l'apprentissage du langage et la coordination psychomotrice. Il y a un parallèle à faire entre la musique et le système neurologique multidimensionnel, car tous deux interagissent et impliquent la concertation de plusieurs éléments pour arriver à un résultat final[21].

Pour intégrer une expérience, c'est-à-dire pour apprendre de façon durable, l'enfant doit d'abord expérimenter au plan sensori-moteur et émotionnel. Par exemple, un enfant comprendra de plus en plus de concepts abstraits s'il a expérimenté des situations concrètes au préalable par le jeu. La musique représente un jeu pour l'enfant et le met directement dans l'action et le senti.

Afin de développer l'identité et le rythme intérieur d'un enfant plus âgé, on utilise des baguettes chinoises en demandant à l'enfant de frapper chaque syllabe de son nom pour l'aspect rythmique («Mar-tin»), puis sur un instrument de musique pour l'aspect mélodique de l'intonation. On expérimente toutes les intonations possibles pour prononcer son nom, avec un ton interrogatif, surpris, apeuré, hésitant… Martin? Martin! Martin… Maaartin! Tout cela se traduit en musique par des intervalles mélodiques et des motifs rythmiques que l'on peut jouer sur un xylophone ou tout instrument mélodique.

De même, le fait de jouer un instrument de musique demande beaucoup de concentration et de précision. L'enfant réalise qu'il fait des progrès à mesure qu'il pratique et que ses capacités s'améliorent. Jouer de la musique demande une coordination auditive, visuelle et motrice assez complexe, qui doit toujours être adaptée aux capacités ou à l'âge de l'enfant.

---

21. CAMPBELL, D. *L'effet Mozart sur les enfants.* Montréal: Le Jour, éditeur, 2001. p. 194.

Il existe de nombreuses activités pour développer la mémoire et l'attention chez l'enfant; entre autres une « gymnastique auditive » de discrimination et de production sonore qui permet à l'enfant d'expérimenter différents éléments musicaux selon ses capacités et son stade de développement.

Des activités de discrimination auditive (variations dans la hauteur du son, l'intensité, le rythme, le tempo, le timbre des familles d'instruments) lui apprennent à aiguiser son oreille et l'aident à développer sa mémoire et son attention. Elles lui permettent aussi de développer des repères dans une pièce et à s'orienter même s'il a des déficits visuels. Graduellement, on introduit de nouveaux sons que l'enfant doit reconnaître. Il existe plusieurs exercices que l'on utilise en variant les sonorités instrumentales, les rythmes, les mélodies, les hauteurs de sons. Par exemple, on bande les yeux de l'enfant, et on lui demande de suivre le son ou de le repérer en le pointant du doigt dans une pièce.

Pour que les enfants saisissent bien les différents registres ou hauteurs, on associe les sons aux fréquences; par exemple, les sons graves (qui proviennent de fréquences sonores lentes) sont associés à de gros instruments et les sons aigus (issus de fréquences sonores rapides) sont associés à des instruments plus petits. Pour qu'ils intègrent mieux ces concepts, les enfants marchent sur une portée musicale qu'on colle sur le plancher ou encore on fait vibrer des cordes de différentes longueurs, montrant ainsi de façon concrète que les sons aigus sont produits par les cordes courtes et les sons graves, par les cordes longues. On peut également associer des sons à des animaux: l'éléphant produit un son plus grave qu'une souris, qui a un cri aigu.

L'utilisation de chansons est aussi intimement liée au processus de mémorisation. La musique constitue un « aide-mémoire »[22].

---

22. PERETZ, I., M. BABAÎ, I. LUSSIER, S. HÉBERT et L. GAGNON. « Corpus d'extraits musicaux: indices relatifs à la familiarité, à l'âge d'acquisition et aux évocations verbales ». *Revue canadienne de psychologie expérimentale* 1995 49 (2): 211-238.

Ainsi, la mélodie d'une chanson nous ramène les mots qui y sont attachés. À l'inverse, on peut aussi ajouter un rythme ou une mélodie à une phrase parlée, ce qui permet de la graver dans la mémoire. En pairant une chanson comme *ABC*, la musique sert d'indice pour récupérer les mots, donc les composantes intellectuelles[23].

En ce qui a trait au chant, soulignons qu'on a vu parfois chanter des personnes qui avaient perdu l'usage de la parole à la suite d'un traumatisme crânien ou d'un accident cérébral et qui souffraient d'aphasie. Ce phénomène fait l'objet de recherches très intéressantes, tout comme le phénomène inverse, qu'on appelle l'« amusie » et qui affecte des personnes ayant perdu la capacité de reconnaître des rythmes ou des mélodies.

Afin que l'enfant puisse vivre et saisir la musique sous différents angles, on associe l'audition musicale au dessin, aux formes, aux couleurs et au mouvement, ce qui éveille les sens à une variété d'expériences. De plus, chaque enfant a sa façon propre de percevoir son environnement, selon son âge, son sexe, sa culture et sa condition physique et mentale.

Sur le plan social

La musique a fait partie depuis toujours et dans toutes les sociétés des rituels qui célèbrent la naissance, le mariage, la mort… La musique rassemble et unit les gens dans une action commune, celle d'écouter de la musique ou d'en jouer. La musique renforce les liens à l'intérieur d'un groupe.

La musique est un phénomène culturel. La couleur particulière d'une sonorité, d'un rythme et d'une mélodie est intimement liée à la terre où elle a pris naissance. Quand on la qualifie d'universelle, c'est qu'elle a le pouvoir de rassembler des gens

---

23. Taylor, D.B. *Biomedical Foundations of Music as Therapy*. St-Louis: MMB Music Inc., 1997. p. 40.

qui viennent de tous les horizons, qui sont de toutes origines, qui parlent des langues différentes, mais qui sont semblables dans leur humanité.

La musique est fortement identifiée aux groupes; cela est particulièrement vrai chez les adolescents. Il y a de nombreux styles musicaux qui permettent à des personnes de se rejoindre. Ces groupes deviennent des groupes d'appartenance.

Il est intéressant de voir comment la musique réunit les enfants. Elle devient un moyen de les rassembler, une façon d'échanger et de se rejoindre tout en préservant l'identité culturelle de chacun. Pour certains enfants qui arrivent dans un pays où l'on ne parle pas leur langue, la musique constitue parfois la seule façon d'entrer en contact.

La musique est animation, éducation et thérapie
Animation

La musique peut être divertissante, éducative et thérapeutique. Divertissante, elle a toujours accompagné les grands événements, plus particulièrement les fêtes. Elle rend joyeux, elle fait danser et dépenser de l'énergie. Elle donne un sentiment de liberté, elle ne requiert pas d'analyse pour que l'on en retire du plaisir. On ne ressent pas de pression pour performer musicalement. On peut rendre une soirée ou un événement très agréable grâce à la musique.

Éducation

L'éducation musicale doit faire partie de l'éducation générale de l'enfant, de son développement global, que cela se fasse dans des groupes d'éveil musical, à la garderie ou à l'école. Car la musique est une « discipline de synthèse »[24].

---

24. BÉREL, E. *Éveil au monde sonore: rythme, poésie, musique.* Éditions J.M. Fuzeau, 1981, p. 14.

Depuis des décennies, de grands pédagogues ont mis au point des approches pour permettre à l'enfant d'acquérir de façon globale des connaissances musicales par le jeu instrumental et le rythme, ainsi que par le travail corporel et vocal. Ces pédagogues sont Carl Orff, Ginette et Maurice Martenot, Zoltan Kodaly, Émile Jaques-Dalcroze et Edgar Willems. Tous ont fait appel aux capacités physiques, intellectuelles, affectives et sociales de l'enfant.

Thérapie

La thérapie musicale est l'utilisation intentionnelle de la musique dans le but de répondre à des objectifs thérapeutiques bien établis. On tient compte du processus thérapeutique, on privilégie l'expression personnelle, le travail de réadaptation ou psychothérapeutique.

La musique de l'enfant est accueillie inconditionnellement, sans jugement. Il n'y a pas de bonne ou de mauvaise façon de jouer. Le but n'est pas tant le produit final que le processus thérapeutique qu'offre la musique en présence d'un thérapeute.

Ainsi, la musique contribue au développement global de l'enfant et offre un soutien à l'apprentissage général.

L'animation et l'éducation musicale peuvent devenir « thérapeutiques », mais elles ne sont pas à confondre avec la musicothérapie qui requiert un thérapeute. Que privilégier ? Il faut d'abord clarifier, pour l'enfant et le parent, et *avec* eux, le besoin réel. Est-ce le divertissement, l'éducation musicale, l'apprentissage d'un instrument ou la thérapie ?

DEUXIÈME PARTIE

La musique en tant que thérapie

On connaît depuis longtemps le pouvoir thérapeutique de la musique. Dans l'Antiquité, Platon considérait que la musique était capable de rétablir l'harmonie entre l'âme et le corps. Des civilisations anciennes, comme celles de l'Égypte, de la Chine, de l'Inde et de la Grèce, ont fait appel à la musique dans les processus de guérison des malades. En 1841, en France, le compositeur Florimond Hervé fut nommé organiste à la chapelle d'un hospice d'aliénés. Il logeait sur place et jouait de l'harmonium pendant les récréations des malades. Il découvrit bientôt que son jeu influençait leur attitude. Cette découverte allait faire naître la musicothérapie moderne, qui entrerait bientôt dans les hôpitaux. Après une éclipse, cette forme de thérapie est réapparue après les deux guerres mondiales, lorsqu'on a remarqué que les vétérans voyaient leur douleur diminuer quand on leur faisait écouter de la musique. À partir de ce moment-là, des universités américaines ont commencé à offrir des formations en musicothérapie.

À ses débuts aux États-Unis, la musicothérapie était davantage utilisée dans le domaine médical pour ses effets physiologiques et comportementaux. Elle s'est graduellement étendue aux domaines de l'éducation spécialisée et de la psychothérapie.

En Europe, Émile Jaques-Dalcroze a été l'un des précurseurs de la musicothérapie, car il voyait en la musique de grands pouvoirs d'accomplissement et de guérison. Dès le début du vingtième siècle, ce pédagogue considérait la musique comme un moyen « d'unifier le corps et l'esprit ».

Par la suite, on a vu se développer la musicothérapie, notamment en Angleterre, en Allemagne et en France, comme un moyen de travailler avec des enfants et des adultes aux besoins particuliers.

En musicothérapie, le corps humain est considéré comme un instrument de musique. C'est une caisse de résonance formée de l'ossature, de la musculature, de la peau, des cordes vocales et du souffle. C'est aussi un instrument à vent, instrument mélodique qui vibre au diapason de ce qui l'entoure. Enfin, c'est un instrument de percussions et de rythmes. Et la musique est précisément constituée de cet alliage de mélodies, de rythmes et de textures sonores… qui fait vibrer et réagir. Ces résonances révèlent l'identité sonore d'une personne, le son qui caractérise chacun, à un moment donné. Et c'est à partir de cet aspect unique que le musicothérapeute travaille.

Ce dernier sert de guide à l'enfant qui se développe, en mettant la musique à sa disposition sous toutes ses formes afin qu'il y trouve un lieu d'expression. Le musicothérapeute aide l'enfant à découvrir sa faculté de créer, puisque la musique donne la parole au senti physique et affectif.

Définition de la musicothérapie

L'Association de musicothérapie du Canada (AMC) définit la musicothérapie comme l'utilisation judicieuse et structurée de la musique ou d'activités musicales dispensées par un professionnel formé, ayant pour objectif de restaurer, de maintenir ou d'améliorer le bien-être physique, émotionnel, social, cognitif et psychologique d'un individu. La musique possède des qualités non verbales, créatives, structurales et émotionnelles qui facilitent le contact, l'interaction, la conscience de soi, l'apprentissage, l'expression, le développement personnel et la communication dans une relation thérapeutique.

La musicothérapie ne prétend pas guérir ou prolonger la vie au sens médical du terme, mais elle cherche plutôt à améliorer la qualité de vie d'un individu en l'aidant à développer et à utiliser ses ressources. La musicothérapie est souvent efficace pour créer un environnement sécurisant et non menaçant, et pour favoriser le développement global.

Il existe certains malentendus à propos de la musicothérapie. La musique peut être « thérapeutique » pour ceux qui en font ou en écoutent dans leur quotidien ; elle occupe alors une place importante dans leur vie. Toutefois, la musicothérapie désigne plus précisément des services dispensés par une personne qualifiée, professionnelle, qui s'est spécialisée dans le domaine de la santé ou de l'éducation spécialisée, qui a reçu une formation universitaire en musique et en thérapie. Tous et chacun peuvent provoquer des effets bénéfiques grâce à la musique, que ces effets soient physiques ou affectifs. Mais que faire de ces effets et de ces réactions si l'on n'est pas thérapeute ?

Idées fausses sur la musicothérapie

L'Association de musicothérapie du Canada a publié un document qui présente certaines idées fausses sur la musicothérapie. Voici quelques-unes des plus répandues, suivies de l'information corrigée.

Idée fausse # 1 : La musicothérapie est une activité passive au cours de laquelle le musicothérapeute joue de la musique aux gens.

Non ! La musicothérapie est plutôt un continuum de mesures réceptives, par exemple des stimulations sensorielles et actives, où les gens participent à des activités musicales qu'on utilise en vue de susciter des changements sur les plans cognitif, mental, social, émotionnel et physique.

Idée fausse # 2 : La musicothérapie n'est efficace que sur un nombre très restreint de personnes.

Non ! La musicothérapie est une méthode d'intervention efficace pour des gens de tous âges et auprès d'une variété de patients qui présentent :

- des perturbations émotionnelles ;
- des retards du développement ;
- des difficultés d'apprentissage ;
- des déficiences physiques ;
- des déficits auditifs et visuels ;
- des problèmes de santé mentale ;
- des problèmes de criminalité ;
- des problèmes de toxicomanie ;
- des troubles autistiques ;
- des traumatismes crâniens ;
- des situations d'hospitalisation ;
- des situations d'agression et de négligence physique, psychologique ou sexuelle ;
- des situations de soins palliatifs.

Idée fausse # 3 : La musicothérapie peut être pratiquée par n'importe quel musicien ou par quelqu'un n'ayant participé qu'à un atelier sur la musicothérapie.

Non ! Le musicothérapeute est un musicien accompli qui, en plus, a reçu une formation professionnelle dans le domaine de la musicothérapie. La formation comporte des études et de l'expérience pratique en musique, en éducation, en biologie et en comportements humains, en méthodes de recherche, en techniques musicothérapeutiques et en improvisation thérapeutique. Ce type de formation ne peut se faire au cours d'un seul atelier.

Idée fausse # 4 : On n'utilise que de la musique classique en musicothérapie.

Non ! La musique des séances de musicothérapie est déterminée en premier lieu par les préférences de la personne. Tous les styles de musique sont admis (classique, jazz, gospel, country, folklore, rock, musique pour enfant, musique populaire des décennies passées, etc.).

Idée fausse # 5 : La musicothérapie n'a pas de résultats mesurables ni d'effets bénéfiques prouvés.

Non ! Chaque séance de musicothérapie comporte des buts et des objectifs clairement définis. Les objectifs propres à chaque personne engagée en musicothérapie concernent ses besoins émotionnels, sociaux, cognitifs, mentaux et physiques, et on peut très bien mesurer et évaluer ces objectifs. En fait, plusieurs travaux de recherche ont prouvé l'efficacité des techniques en musicothérapie. Les recherches se poursuivent au Canada, aux États-Unis, au Japon, en Allemagne, en Angleterre, en Australie, en Nouvelle-Zélande, en Suède et dans 26 autres pays où l'on offre un programme de formation en musicothérapie.

Idée fausse # 6 : La musicothérapie n'est efficace qu'auprès des personnes qui ont des antécédents musicaux.

Non ! Les activités sont adaptées aux personnes et aucune expérience musicale n'est requise. Les buts poursuivis en musicothérapie sont de nature non musicale et ne visent pas à développer les habiletés musicales.

Idée fausse # 7 : La musicothérapie est principalement un divertissement.

Non ! La musicothérapie comporte des activités musicales récréatives, mais celles-ci ne représentent qu'une partie des responsabilités du musicothérapeute. On fixe des buts et des objectifs thérapeutiques spécifiques dans le traitement afin de répondre aux besoins sociaux, émotionnels, cognitifs, mentaux ou physiques de chaque personne. La musicothérapie doit redonner du pouvoir à la personne, afin qu'elle développe son plein potentiel. C'est un moyen d'améliorer ou de maintenir sa santé et son bien-être.

En musicothérapie, le but n'est pas éducatif, même si les activités et les résultats le sont. Par contre, il arrive que certains enfants développent des habiletés musicales sur les instruments et même poursuivent des cours de musique en parallèle. L'objectif principal consiste à développer le potentiel de l'enfant à l'aide de la musique, qui est source de créativité. L'enfant s'exprime à sa façon, à son rythme et selon ce qu'il est. En musicothérapie, on n'impose aucune forme d'expression.

Le travail du musicothérapeute

Le travail du musicothérapeute est varié, mais l'essentiel consiste dans ses **interventions en séances individuelles ou de groupes**. Pour ce qui est de sa formation, on peut se référer à l'annexe 2, en page 155. Voici d'autres aspects de son travail.

Le musicothérapeute doit :

- documenter ses interventions : évaluation initiale et périodique, plan d'intervention, notes d'évolution, rapport ;

- monter une magnétothèque (disques) de tous les types de musique (classique, populaire francophone, autres langues, instrumental, multiethnique) ; acheter et entretenir le matériel (appareil audio, chaîne stéréo, disques de différents styles, instruments de musique, piano, petite harpe, guitare, carillons, percussions) ; acquérir des partitions de différents styles de musique ;

- participer à des réunions multidisciplinaires, échanger l'information sur les suivis individuels et de groupes;

- présenter des ateliers-conférences à l'équipe soignante et à des stagiaires pour améliorer leur compréhension des applications en musicothérapie et pour obtenir leur collaboration;

- participer à des congrès et y faire des présentations;

- superviser des stagiaires en musicothérapie;

- faire de la recherche et publier.

Le suivi en musicothérapie
Évaluation initiale

Avant de commencer un suivi en musicothérapie, on procède à une première évaluation de l'enfant, pour en faire un profil général, musical et sonore. On recueille en premier lieu les renseignements médicaux et scolaires, ce qui inclut les conditions particulières, les autres thérapies en cours et la condition générale (physique, intellectuelle, affective et sociale).

Les parents et l'enfant constituent les meilleures sources d'information relativement à l'histoire musicale de l'enfant. A-t-il déjà fait de la musique ou chanté, quelles sont ses préférences, ses chanteurs favoris? L'évaluation initiale comprend aussi l'histoire familiale et un «arbre généalogique musical». On note dans quel environnement sonore ou musical l'enfant grandit. Quels sont ses souvenirs sonores? Est-ce que les frères, les sœurs, les parents ou les grands-parents font de la musique? Il existe parfois des alliances ou des rejets relatifs à la musique que l'on peut retracer dans l'environnement de l'enfant.

Une fois toute cette information recueillie, l'évaluation initiale se poursuit lors d'une rencontre individuelle, même si on revoit l'enfant par la suite en séance de groupe. La rencontre est adaptée au niveau de fonctionnement et au bagage culturel de l'enfant dans un contexte de non-directivité et de non-jugement.

Le musicothérapeute dispose de quelques instruments de musique au cours de cette rencontre initiale. On lui offre la possibilité d'explorer les instruments à son gré. Ensuite, quand cela s'y prête, le thérapeute invite l'enfant à choisir un instrument et à en jouer.

Au cours de cette première rencontre, on dresse un portrait musical, expressif et communicatif de l'enfant. Ce ne sont pas ses compétences musicales qui sont évaluées, mais plutôt la façon dont il utilise la musique pour s'exprimer. Cette évaluation est nécessaire pour utiliser les ressources de l'enfant et développer chez lui l'expression, la communication et tout autre objectif.

Par le biais du jeu musical, le thérapeute observe la conscience que l'enfant a de lui-même et du thérapeute. Est-il en contact avec ce qu'il fait ou est-il détaché? De quelle façon utilise-t-il les instruments? Pour évaluer les capacités physiques et cognitives de l'enfant, sa capacité relationnelle et sa capacité d'exprimer des émotions, le musicothérapeute fait appel aux improvisations instrumentales et vocales.

On observe alors le comportement musical de l'enfant, son choix d'instruments, ceux qu'il préfère et ceux qui le rebutent. On regarde globalement ce qu'il fait au point de vue du rythme, de la mélodie, de l'expression, du tempo. On note les motifs rythmiques ou mélodiques qu'il adopte. Par la suite, le musico-thérapeute prend soin de transcrire ces motifs sur une partition musicale, car ils constitueront un lien avec l'enfant, une porte d'entrée, un pont entre son univers et celui du thérapeute. En fait, tout cela représente l'«identité sonore» de l'enfant, son langage musical.

Le musicothérapeute porte aussi attention à la qualité de la voix de l'enfant, quand il s'exprime verbalement et musicalement. L'enfant a-t-il une voix forte ou éteinte ? Aime-t-il vocaliser et chanter ?

L'évaluation s'échelonne sur quelques semaines, car l'enfant doit apprivoiser le thérapeute, les instruments de musique, et cette façon peu orthodoxe de « travailler ».

Après l'évaluation, on fait une recommandation quant à la pertinence d'un suivi ou non, et, le cas échéant, d'un suivi individuel ou en groupe.

L'évaluation nous amène à un plan d'intervention élaboré à partir des observations. Selon les besoins de l'enfant, on établit des objectifs thérapeutiques liés aux domaines physique, cognitif, affectif et social. Par exemple, le musicothérapeute interviendra sur le plan physique pour un enfant suivi en réadaptation physique et il choisira des activités rythmiques qui le feront travailler la coordination, la marche, les bras ou les jambes, selon ses besoins (on trouvera aux pages 79 à 140 des exemples concrets de ces objectifs et des méthodes utilisées selon les besoins des enfants).

Chaque semaine, le musicothérapeute observe l'évolution de l'enfant. Certains utilisent des grilles d'observation pour faire le suivi par rapport aux objectifs. On inscrit les observations au dossier pour décrire à l'équipe l'évolution de l'enfant. Le musicothérapeute recueille aussi les remarques de la famille et de l'équipe multidisciplinaire, sources essentielles d'information. On procède à des évaluations périodiques pour s'adapter à l'enfant et reformuler au besoin les objectifs thérapeutiques.

Suivi individuel ou de groupe

Le suivi peut s'échelonner sur quelques semaines ou quelques années, selon que l'enfant est hospitalisé pour un court laps de temps ou qu'il fréquente une école, une classe spécialisée ou un centre de jour.

Selon l'évaluation, on choisit de suivre l'enfant en séance individuelle ou en séance de groupe hebdomadaire. Certains enfants ont besoin d'un suivi individuel avant d'intégrer un groupe. La durée d'une séance varie selon l'âge et les capacités de l'enfant. Une séance individuelle dure de 20 à 60 minutes. Généralement, une séance de groupe dure de 30 à 45 minutes.

Un groupe comprend entre trois et huit enfants. Chacun d'eux fait l'objet d'une attention particulière. Il en est de même pour le groupe en tant qu'entité. Il ne faut pas confondre un tel groupe avec une chorale qui regrouperait une quinzaine de chanteurs, bien que cette formule comporte également d'immenses bienfaits.

Rapport périodique final

Le rapport final décrit l'évolution de l'enfant à partir du début des séances jusqu'au moment du rapport. C'est l'occasion, pour le musicothérapeute, de faire des recommandations aux parents et aux intervenants.

Les méthodes en musicothérapie

Il n'est pas dans notre intention de fournir aux parents des « prescriptions musicales » liées aux problèmes de l'enfant. Par contre, au point de vue de la thérapie, il est possible de présenter des pistes quant à la direction à suivre avec l'enfant, quelle que soit sa condition.

La musique ne se « prescrit » pas. Elle comporte trop de variables pour que l'on puisse dire que tel type de musique agit de telle ou telle façon. On doit tenir compte de la personnalité de l'enfant, de son âge, de son bagage culturel, de ses besoins particuliers, de son humeur, de son rapport à la musique, de la musique elle-même et des combinaisons possibles entre les rythmes, les mélodies, l'harmonie, le tempo et les textures sonores. Cela incite à la prudence quant aux effets de la musique.

En musicothérapie, on utilise des méthodes réceptives, qui consistent à écouter de la musique en fonction des besoins particuliers, et des méthodes actives, qui consistent à improviser, à l'instrument et à la voix, ainsi qu'à composer et à utiliser des chansons. Répétons qu'il n'est aucunement nécessaire que l'enfant ait des connaissances musicales pour bénéficier d'une musicothérapie. Chaque activité est adaptée aux besoins de l'enfant et choisie selon des objectifs thérapeutiques.

Lors d'une séance de musicothérapie, on accueille sans jugement la musique de l'enfant, on accepte celui-ci tel qu'il est. On lui offre un espace où il n'a pas à se «conformer». Par contre, dans certains milieux de déficience intellectuelle, on privilégie une approche comportementale et on utilise la musique pour renforcer de «bons» comportements. Le thérapeute sert alors de modèle et l'enfant apprend ainsi à développer des habiletés sociales.

Ce qu'il y a d'exceptionnel avec la musique, c'est qu'elle s'adapte à tous les niveaux de fonctionnement. La musique choisie ou improvisée par le musicothérapeute devient le miroir sonore de l'enfant et elle s'adapte à son évolution. Ainsi, l'enfant entend sa réciprocité dans le son.

On utilise ce que l'enfant amène en thérapie, ses sons, ses images et ses instruments préférés. Graduellement, on ajoute des motifs rythmiques, on introduit un nouvel instrument ou une nouvelle image, son répertoire expressif s'élargit, ses mélodies se prolongent. On adapte la musique à son niveau de développement.

Enfin, on souhaite que l'enfant transpose dans son quotidien ce qu'il vit en séance de musicothérapie individuelle ou de groupe. Par exemple, s'il a « pris les devants » en se risquant à jouer un instrument dont il avait « peur » et réalise qu'il est capable d'apprivoiser cet aspect de sa personne, on peut penser qu'il fera dans son quotidien cette même tentative d'affirmation personnelle.

Improvisation instrumentale

L'improvisation instrumentale consiste à utiliser des instruments de musique pour s'exprimer de façon spontanée, surtout des percussions de diverses dimensions. Ainsi, l'instrumentarium Orff présente un éventail de possibilités sonores grâce à des instruments adaptés aux enfants ; on y trouve des xylophones, des carillons, des métallophones de différents registres, des blocs ou lames sonores, des claves, des flûtes à bec, des tambourins, des triangles, etc. Le nombre d'instruments varie selon l'enfant et ce que l'on veut travailler. Le musicothérapeute peut également faire appel à d'autres instruments, comme des cloches à main, des tambours africains, des instruments sud-américains comme le bâton de pluie ou le guiro, et des instruments orientaux, comme le gong.

L'improvisation se fait en solo ou en groupe, avec le thérapeute. Les instruments ne doivent pas requérir de connaissances musicales afin de ne pas faire subir de sentiment d'échec à l'enfant. Ils doivent respecter le système auditif de celui-ci et être de bonne qualité, car une grande partie de leur attrait réside dans le plaisir de les utiliser.

Ce n'est que s'ils répondent à un objectif thérapeutique bien précis que l'on suggère aux enfants d'utiliser des instruments qui demandent une certaine maîtrise, comme le piano, la guitare et les cordes. Il arrive que l'apprentissage de l'un de ces instruments fasse partie du suivi thérapeutique d'un enfant ou d'un adolescent, mais le plus souvent, c'est le musicothérapeute qui en joue afin d'encadrer l'enfant qui improvise.

Le musicothérapeute ne donne pas de signification à la musique jouée. Il laisse à l'enfant le soin de lui donner cette signification. Le thérapeute reste présent au jeu musical de l'enfant, il le soutient et le contient. Bien sûr, il observe des constantes, il fait des déductions et analyse ce qui se passe dans la séance pour le traduire ensuite en termes cliniques. Il reste que le domaine de la musique est un domaine subjectif et qu'il est donc délicat de catégoriser ou de déduire. On discerne ce que l'enfant tente d'exprimer en comprenant de plus en plus celui-ci, ainsi que sa musique et ce qui l'emmène en thérapie.

Les instruments sont généralement considérés comme un prolongement du corps. Ils deviennent un « objet » de transition et servent de pont entre l'enfant et le thérapeute. Quel que soit le cadre théorique, c'est l'enfant qui attribue une fonction à l'instrument de musique. Il arrive qu'avec les plus jeunes, les instruments deviennent des jouets ; le xylophone est un petit train et les maracas, des marionnettes. Il faut se rappeler que, pour l'enfant, la séance de musicothérapie est un jeu et qu'elle doit le rester. C'est ainsi qu'il se dévoile le plus spontanément et le plus naturellement possible, à lui-même et aux autres.

Autant que possible, on remet à l'enfant le « contrôle » de la séance de musicothérapie, tout en instaurant des limites. On lui procure un encadrement où il évolue en sécurité, tout en faisant les réajustements ou les apprentissages nécessaires à son épanouissement global. L'enfant développe ainsi sa confiance en lui, élément essentiel à son évolution.

Le travail thérapeutique se fait sans que l'enfant ait à l'analyser. À moins qu'il soit plus avancé en âge, à mesure qu'il acquiert des concepts plus abstraits et une capacité d'introspection, il peut faire le lien entre sa musique et ce qu'il vit, et le verbaliser.

Les bienfaits

Le thérapeute encourage l'enfant à s'exprimer de façon spontanée. On lui offre ainsi l'occasion de canaliser ses émotions de façon constructive. Lorsque l'enfant a momentanément perdu cette capacité, l'instrument parle à sa place. On l'encourage ainsi à prendre confiance en lui et à affirmer son identité. La musique crée un lien entre l'enfant et le thérapeute ; pour l'enfant inhibé verbalement, il s'agit d'un lieu de rencontre dans les mondes verbal et non verbal. En développant son identité sonore, il en arrive graduellement à mieux se connaître. L'improvisation devient un moyen de se faire entendre autrement.

En effet, l'improvisation instrumentale permet à l'enfant de vivre une expérience avant d'en intégrer les abstractions. Il est plongé dans l'action et s'investit aux plans corporel et affectif. Les instruments lui permettent d'explorer différentes dynamiques ainsi que le travail symbolique. L'improvisation l'amène à risquer de nouveaux comportements par l'entremise de la musique.

En improvisation, l'enfant n'a pas à analyser ce qu'il fait. Il joue selon l'inspiration du moment. S'il n'a pas appris la musique, il n'a pas de points de référence. Il part donc de lui-même pour s'exprimer. C'est une expression pure.

Chez les enfants plus âgés, le travail d'improvisation de groupe oblige le jeune à travailler en « équipe ». On assiste alors à une expression simultanée de plusieurs sons et de plusieurs personnes. Cela représente un « microcosme »[1]. Chacun doit apprendre à prendre sa place, à devenir chef quand vient son tour. Chacun doit être à l'écoute de lui-même et des autres, tout en créant un équilibre entre ses besoins individuels et les besoins du groupe.

---

1. YALOM, I.D. *The Theory and Practice of Group Psychotherapy.* 3rd ed. New York : Basic Books, 1985.

On demande à l'enfant de porter attention à ce qu'il joue, et d'être attentif à ce que les autres expriment. Les enfants finissent par se répondre en musique. Bien que ce tourbillon sonne parfois chaotique au début, on finit toujours par voir se dessiner tout naturellement une organisation.

L'improvisation offre un espace extraordinaire pour explorer toute sa créativité, son sens intuitif et sa sensibilité. Par exemple, lorsque le jeune agit comme « chef d'orchestre », c'est lui qui dirige l'improvisation instrumentale. Il décide des instruments, du rythme, du tempo, de la disposition des musiciens. Il développe un code non verbal pour se faire comprendre des « musiciens ».

En expérimentant le succès, l'enfant devient de plus en plus à l'aise et on voit s'amplifier sa capacité de choisir des chansons ou des instruments ou d'entamer des improvisations.

Le thérapeute utilise plusieurs techniques d'improvisation. Il propose à l'enfant un thème, un rythme ou une mélodie. Il fait alterner les instruments, ou encore il joue avec les nuances, le tempo, le rythme. Il a des conversations musicales avec l'enfant et incite les enfants à converser entre eux, tout cela pour aboutir, par exemple, à une sorte de jeu musical au cours duquel le thérapeute ou l'enfant propose un motif rythmique ou mélodique auquel l'autre répond ; on assiste alors à des échanges musicaux fort intéressants.

Dans un groupe, après la phase initiale, il y a une phase naturelle où des conflits font surface. Le travail thérapeutique est alors plus intense. Chacun s'affirme dans sa personnalité et ses besoins. C'est là qu'on rectifie les rôles, qu'on dénoue des « malentendus » par rapport à soi-même, qu'on travaille les rapports avec les autres.

Cela est exigeant pour ces jeunes, surtout à cause de leurs besoins impulsifs d'agir immédiatement et de satisfaire rapidement leurs besoins. La vie en groupe comporte souvent beaucoup de frustrations. Et ce sont en général les mêmes frustrations que les enfants retrouvent dans leur famille et en société.

L'improvisation instrumentale est un moyen de canaliser cette « urgence » d'agir. Un groupe qui improvise ensemble ne peut faire autrement que de s'écouter, sinon c'est le chaos. On a vu que ce « chaos » fait partie d'un processus normal de départ. Ici, en groupe, c'est comme si tout le monde parlait en même temps, pour se faire entendre, pour montrer sa « force », pour s'imposer, pour « sauver » son territoire ! Cela représente presque une menace qu'il faut surpasser. De plus, le jeune cherche à contrôler son environnement.

Dès la naissance, l'être humain est un être complet et organisé, il est un potentiel dormant. Il lui reste à développer ce potentiel. C'est ce que l'on fait en musicothérapie, où le seul cadre de référence proposé au jeune, c'est lui-même. Pour s'exprimer, il ne peut pas se baser sur des connaissances musicales, il doit se baser sur lui.

C'est ce qui se produit dans l'improvisation. L'improvisation musicale force le jeune à faire partie du groupe au lieu de faire cavalier seul et de ne pas être entendu dans un « chaos ». Après un certain temps, les jeunes apprennent à s'écouter, certains chefs naturels émergent et donnent une direction à l'improvisation. Une pulsation s'installe pour faire place à une connivence. Tout cela se fait graduellement.

L'improvisation fait appel à la créativité et aux facultés préservées chez l'enfant. Les infinies possibilités d'exploration qu'offre la musique lui permettent d'élargir son répertoire expressif et lui donnent le goût de communiquer. Le but de l'improvisation consiste à utiliser la musique pour rendre le sujet à l'aise de communiquer non verbalement, ce qui l'aide aussi à s'ouvrir verbalement en dehors des séances.

Improvisation vocale

L'improvisation vocale consiste à utiliser la voix comme instrument d'expression personnelle. Cela se fait en séance individuelle ou en groupe.

Parmi les approches utilisées, on trouve le « toning »[2] et le « paysage sonore »[3]. On laisse la voix s'exprimer en commençant par des sons prolongés sur des voyelles, puis d'autres sons s'ajoutent.

On donne ainsi l'occasion à l'enfant de vocaliser librement et spontanément. Cela peut devenir un dialogue vocal amusant qui permet d'élargir le répertoire expressif dans le registre, les nuances, les intervalles mélodiques…

Les bienfaits

L'improvisation vocale fait travailler le souffle, la respiration, la posture, on doit redresser les épaules, tenir la tête droite. Tout cela amène une meilleure oxygénation du corps.

Il est étonnant de voir s'épanouir des enfants quand ils chantent, car ils y mettent tout leur cœur. Ils apprennent ainsi à connaître leur voix et leur corps en tant qu'instrument de musique (caisse de résonance, ouverture de la gorge, résonateurs du visage).

L'enfant tend alors à s'affirmer sur le plan psychologique, et plusieurs voient leur anxiété diminuer. Celui ou celle qui a une « voix » abolit les tabous du dit et du non-dit. En explorant sa voix, l'enfant s'exprime et s'ouvre aux autres.

En groupe, les enfants unissent leur souffle pour ne former qu'une seule voix. Ils se soutiennent les uns les autres.

---

2. Keyes, L.E. *Toning: The Creative Power of the Voice*. Marina Del Rey, California: Devorss & Co. Publishers, 1973.

3. SCHAFER, R.M. *Le paysage sonore*. Paris: J.C. Lattès, 1991. 388 p.

Chanson

La chanson peut grandement contribuer au développement de l'enfant. Elle est naturelle, car l'enfant chante spontanément quand il a le cœur joyeux. La chanson lui permet de développer son langage, son sens du rythme, sa mémoire et le « tissage des circuits neurologiques » qui bénéficient aux autres sphères de son développement.

La chanson est peut-être plus importante encore dans le domaine de la réadaptation, pour les enfants qui éprouvent des problèmes de langage et d'apprentissage. Elle augmente la résonance des mots et amplifie leur portée. Elle développe l'articulation. Avec la chanson, l'enfant peut réciter, marcher en rythme, jouer d'un instrument.

Une séance de musicothérapie commence souvent par une « chanson d'accueil » et se termine avec une « chanson d'aurevoir » personnalisée, afin de créer un rituel d'ouverture et de fermeture. La chanson d'ouverture sert, notamment, à « prendre le pouls » de l'enfant, à savoir quel est son niveau d'éveil, son état physique et émotionnel, etc.

On choisit des chansons dans divers styles : classique, jazz, rap, country… De même, on en varie les éléments musicaux (lent-rapide, doux-fort). Pour que l'enfant explore différentes émotions, il suffit souvent de choisir une chanson connue, comme *Frère Jacques*, et de la faire de façon sérieuse, joyeuse, triste, en colère ou effrayée.

Le choix d'une chanson se fait très souvent en tenant compte de ce qu'elle exprime et de ce qu'elle dit de nous. Parfois, on demande à l'enfant de choisir une chanson qui traduit ce qu'il ressent ou ce qu'il voudrait dire à sa mère, son père, ses frères, ses sœurs, ses proches… Ou encore quelle est la chanson qu'il aimerait recevoir de chaque membre de son entourage.

Il arrive qu'on demande à l'enfant de composer une chanson à partir d'un air connu ou d'un air nouveau, mais avec l'aide du musicothérapeute. Cela lui permet, par exemple, d'acquérir des connaissances sur lui-même, car les paroles peuvent se rattacher directement à sa personnalité et faire ressortir ses qualités, ses forces, ses réalisations.

La chanson raconte une journée dans la vie de l'enfant ou un événement heureux, ou encore elle constitue un « portrait de famille » dans lequel l'enfant parle de ses parents, de ses grands-parents, de ses frères et sœurs.

Écoute

Le musicothérapeute connaît généralement un large répertoire musical, du classique au populaire. En écoutant des extraits musicaux adaptés à l'âge et à la condition de l'enfant, on arrive à traduire une émotion, à calmer une douleur, à panser des blessures. Ainsi, l'écoute que partagent l'enfant et le musicothérapeute crée des moments privilégiés.

On utilise souvent la musicothérapie pour calmer des douleurs. À cet effet, il n'y a pas de « recette » ni de « cassette-miracle ». La musique est sélectionnée en tenant compte de la culture de l'enfant, de son vécu et de sa personnalité. On puise ensuite dans le répertoire musical en tenant compte d'éléments comme le tempo, la forme, la régularité, la répétition de phrases mélodiques et rythmiques, l'intensité et le choix d'instruments. Il faut doser judicieusement le niveau d'intensité de la musique pour s'accorder avec ce que l'enfant est capable d'absorber. On associera à la musique des images puisées dans l'imaginaire de l'enfant lui-même, des contes, des livres auxquels il s'est déjà identifié. Cette information aura été recueillie lors de premières rencontres ou encore elle proviendra de la famille qui sait ce que l'enfant affectionne.

Dans le contrôle de la douleur, la musique agit sur deux plans. D'abord, elle attire l'attention et ensuite, elle la fractionne. Autrement dit, il y a moins d'attention portée sur la douleur. Ensuite, la musique travaille sur la composante émotionnelle rattachée à la douleur, qui est augmentée par la peur et l'anxiété. Quand, par le biais de la musique, on offre une solution de rechange pour exprimer ce qui est ressenti, l'émotion a déjà moins d'emprise sur la personne.

Les interventions qui visent à calmer la douleur ou l'anxiété ne sont pas nécessairement longues, il suffit souvent de 20 ou 30 minutes et même moins parfois. Il est judicieux de combiner ce travail à la prise de médication pour la douleur afin d'en maximiser les effets. On vérifie toujours les traitements prévus et les soins à recevoir afin de diminuer l'impact des interventions.

Contes, légendes et mythes

Les contes et les légendes, tout comme les mythes, ont depuis toujours comme fonction de donner un sens à la vie et de développer un sentiment d'appartenance.

Ces récits racontent les étapes que nous traversons, enfants comme adultes, tout au long de notre vie. L'utilisation de personnages, de symboles, d'images et d'archétypes provoque une résonance en nous. Chez l'enfant, en particulier, l'imaginaire constitue un grand livre ouvert. L'enfant a la capacité de se plonger complètement dans un monde magique et fantastique qui parle indirectement de lui. Sa propre histoire peut être transposée en conte.

Il y a plusieurs façons d'utiliser le récit et la musique. D'abord, on choisit un récit qui se rapproche de ce que l'enfant vit – conte, fable, légende, mythe ou histoire qui s'inspire d'une œuvre musicale existante comme *L'Oiseau de feu* ou *Le Sacre du Printemps* de Stravinski, ou encore *La Flûte enchantée* de Mozart. On intègre ensuite la musique à l'histoire. Les instruments représentent des personnages ou des objets. On fait aussi jouer ce rôle à des percussions corporelles ou à la voix. Enfin, pour rendre l'histoire la plus vivante possible, on ajoute des costumes et des accessoires.

L'enfant a besoin de se raconter, car cela lui permet de prendre une distance ; il entend sa propre histoire en la transposant dans un récit. La sorcière, l'ogre, le dragon, le monstre et le pirate deviennent des représentations de ce que l'enfant ressent, tout en perdant leur aspect menaçant.

En d'autres circonstances, le conte ou l'histoire en musique sont simplement des moyens de laisser libre cours à l'imagination, car l'enfant s'y exprime tout naturellement.

Par contre, il faut se rappeler que le but visé n'est pas tant le produit final que l'engagement de l'enfant tout au long du processus. Il n'est donc pas question de performance.

Musique et mouvement

La musique est mouvement. Elle est vivante. L'enfant aussi est mouvement. Le fait de s'activer fait partie de son développement. Sa musculature, son ossature, sa motricité et sa coordination se développent rapidement à partir de sa naissance jusqu'à sa pleine maturité.

La musique contribue grandement à sa croissance et il existe une infinie variété de rythmes, de tempi et de dynamiques qui encouragent et stimulent le mouvement chez l'enfant.

La musique en mouvement permet de se développer physiquement, mais elle permet aussi d'apprendre à s'orienter dans le temps et dans l'espace. Il suffit de penser à toutes les danses enfantines qui font marcher l'enfant en rythme et où il doit respecter la cadence, la distance, le temps d'attente.

Mouvement et improvisation vont de pair. Le musicothérapeute demande à l'enfant de se déplacer dans la pièce en lui suggérant un thème ou une image inspirés de son quotidien. Cela peut se faire individuellement ou en petits groupes. Le musicothérapeute s'inspire alors du mouvement des enfants pour improviser au piano ou sur les instruments de musique afin de stimuler leurs mouvements et leur créativité.

Grâce à ce travail en musique et en mouvement, l'enfant enrichit son répertoire de gestes, développe son synchronisme mouvement/musique, ainsi que sa latéralisation, tout en ayant beaucoup de plaisir. Il découvre le mouvement lié à différents états émotionnels : être joyeux, surpris, tendu, détendu.

Musique et art

La musique est aussi couleur. Les fréquences sonores s'apparentent au spectre lumineux. Certaines pièces musicales sont comme des couleurs. D'ailleurs on parle souvent, en musique, de couleur et de luminosité pour évoquer la sonorité des instruments et l'harmonisation.

On utilise souvent des couleurs dans l'apprentissage de la musique. Les notes et les annotations musicales sont représentées par différentes teintes afin que l'enfant retienne ce qu'il entend en l'associant à une stimulation visuelle.

En thérapie, la musique et l'art offrent des avenues d'expression supplémentaires. Le dessin est une activité très populaire chez les enfants. Il est intéressant de faire jouer des extraits musicaux ou des improvisations pendant que l'enfant dessine. Les possibilités sont vastes ; depuis la musique de la Renaissance jusqu'à la musique contemporaine, en passant par l'époque baroque ou romantique, on ouvre à l'enfant de vastes horizons.

Le mandala, un dessin circulaire, offre aussi à l'enfant un cadre dans lequel il peut se projeter.

En art, les différentes techniques — gouache, peinture à l'eau, argile, etc. — sont autant de moyens pour éveiller l'enfant.

On choisit une musique qui représente ce que l'enfant a dessiné ou sculpté, soit en l'improvisant soit en la choisissant dans le répertoire.

Intégrer la famille

Selon l'âge et les besoins de l'enfant, on essaie le plus possible d'intégrer la famille au suivi en musicothérapie. La musicothérapie ne doit pas être une approche lointaine et inaccessible pour les proches. Au contraire, la musique est un phénomène social qui rapproche les êtres humains.

Il est possible d'organiser des groupes parents/enfants qui vivent des difficultés ou des conditions similaires. Ces groupes de musicothérapie permettent souvent d'améliorer la communication entre les générations. Ils représentent une forme d'apprentissage, une manière différente de se connaître, autant pour l'enfant que pour le parent.

Pour ces groupes, on puise dans une variété d'activités comme l'improvisation instrumentale où il y a, par exemple, partage d'un instrument. Les chansons et l'écoute de pièces musicales sont d'autres moyens de travailler en approche familiale.

Besoins particuliers
Travail multidisciplinaire

Le travail en musicothérapie est un travail d'équipe qui inclut l'enfant, la famille et les intervenants de diverses disciplines.

La musicothérapie est un domaine « relativement nouveau » même si on utilise la musique depuis des temps immémoriaux dans les soins préventifs, curatifs et palliatifs. L'avènement d'une nouvelle discipline oblige à partager un territoire de soins et de compétences déjà bien établi. Il s'avère parfois difficile pour les parents et les intervenants de s'y retrouver et de choisir une approche pour l'enfant malade ou souffrant d'un déficit.

Comment, de manière concrète, la musicothérapie peut-elle trouver sa place dans tout cela ?

Le physiothérapeute peut travailler de concert avec un musicothérapeute pour soigner un enfant en réadaptation. Le soutien musical, adapté aux besoins et aux goûts de l'enfant, augmentera grandement ses progrès.

Certains orthophonistes voient également un grand avantage à travailler avec un musicothérapeute. Le langage parlé et musical ayant beaucoup de similitudes, cela donne encore plus de moyens à l'enfant d'intégrer ce qu'il apprend, par exemple grâce au jeu musical ou à la chanson.

Lors de soins ou d'interventions physiques en milieu hospitalier, en chirurgie ou en oncologie, soins qui peuvent être souffrants, les responsables des soins infirmiers et musicothérapeutiques peuvent élaborer ensemble un programme particulier pour l'enfant qui y trouvera un ancrage ou un rituel pour l'accompagner lors des périodes difficiles.

Le musicothérapeute peut aussi servir de co-thérapeute pour animer un groupe d'adolescents qui participent à une thérapie animée par un psychologue ou un travailleur social, et c'est ainsi qu'il peut offrir aux jeunes la possibilité de s'exprimer par l'intermédiaire de chansons qu'ils aiment ou de chansons qu'ils composent eux-mêmes.

Certes, plusieurs intervenants utilisent déjà la musique dans leur travail, mais dans un contexte de soins, la musicothérapie permet de pousser encore plus loin l'utilisation de la musique, parce que le musicothérapeute est formé spécifiquement pour utiliser tous les aspects et tout le potentiel de la musique afin de répondre aux besoins de l'enfant.

Les enfants hospitalisés ou affectés par la maladie ressentent souvent un besoin de contrôle et d'indépendance. Les séances de musicothérapie leur offrent un espace de jeu où ils développent ce sentiment essentiel à leur épanouissement et à leur guérison. En passant par la créativité, ils se découvrent des forces qu'ils ignoraient et arrivent à traverser de grandes difficultés.

Le musicothérapeute tient compte de l'âge et du stade de développement de l'enfant pour orienter son approche et choisir les activités.

Jusqu'à l'âge de 2 ans, le tout-petit a besoin d'un environnement sécurisant. Il lui est encore difficile de jouer des instruments, sauf de quelques petits instruments à percussion qui ne demandent pas de dextérité fine. D'ailleurs, il a été initié très jeune au « hochet ». Il est essentiel que l'enfant jouisse d'instruments de musique de qualité, car autrement le son s'apparente au bruit, et c'est un son désorganisé, sans signification. L'enfant de cet âge est très sensible à la voix humaine. Le chant de sa mère ou de son père lui sert de lien avec le monde.

De 2 à 4 ans, l'enfant a besoin de s'affirmer, de faire les choses par lui-même. Le thérapeute lui fournit un cadre où il peut, en toute sécurité et grâce à la musique, explorer et découvrir le monde qui l'entoure, et apprendre sur lui-même. L'utilisation de contes et d'accessoires, comme des marionnettes, aide l'enfant à surmonter certaines difficultés d'adaptation. Cela lui donne le sentiment de maîtriser son environnement. L'improvisation sur des instruments simples l'aide à s'affirmer.

Vers 5 ou 6 ans, l'enfant vit parfois le stress de l'entrée à l'école primaire, surtout si une maladie ou un handicap l'empêche de poursuivre une vie normale, comme ses petits amis. L'enfant craint alors de ne pas pouvoir suivre à l'école ou de se sentir à part, s'il manque la classe à cause d'une hospitalisation. La musique peut l'aider à affronter ces difficultés en lui permettant de canaliser son anxiété et les autres sentiments qu'il vit. On peut utiliser la musique pour remédier aux absences scolaires en facilitant l'apprentissage ; les chansons, par exemple, permettent un travail sur les voyelles, les consonnes, le vocabulaire, les rimes, etc.

De 7 à 10 ans, les enfants apprennent beaucoup de nouvelles choses, ils raffinent leurs connaissances et commencent à faire de plus en plus de liens entre le concret et l'abstrait. Leur imagination est fertile. Ils participent souvent de façon très active aux improvisations et aux chansons dans les séances de musicothérapie quand ils peuvent exprimer librement leur curiosité et leur créativité.

De 10 à 12 ans, l'enfant approche de l'adolescence. Il voit son monde se transformer graduellement. Il prend de plus en plus conscience de la réalité extérieure. Sa sensibilité se développe, il désire entrer dans ce monde des grands, mais en même temps cela lui fait peur. Encore enfant, il sera bientôt projeté dans l'adolescence, avec le tourbillon des changements qui s'y opèrent. L'enfant est de plus en plus capable de comprendre. Il participe activement aux séances de musicothérapie en fournissant des textes de chansons, ou des thèmes pour des improvisations qu'il puise directement dans son expérience.

L'adolescence est parfois une période difficile à traverser. Les jeunes ne se reconnaissent plus. Le monde chavire, il est en ébullition et tout semble possible. Quand l'adolescent est malade, qu'il vit un traumatisme, un deuil ou une rupture, il fait souvent appel à des mécanismes de survie. À cet âge, la communication avec les parents est parfois problématique et on a de la difficulté à se rejoindre. C'est alors que la musique devient si importante pour l'adolescent, comme on le sait. C'est très souvent LA façon de rejoindre les jeunes.

Agressions, négligence, violence psychologique, physique et sexuelle

Dans le cas d'agressions, de négligence ou de violence, l'enfant doit se retrouver sous la protection d'adultes responsables afin de poursuivre son développement. Il peut souffrir d'un syndrome de stress post-traumatique à la suite d'une expérience traumatisante envahissante ou terrifiante. Cela se manifestera par une réaction psychologique sévère. L'impact peut être tout aussi marquant si l'enfant a été simplement témoin d'une expérience traumatisante.

Il faut faire preuve de beaucoup de délicatesse avec les enfants qui ont subi de telles agressions. La confiance envers les adultes est fragilisée et il faut apprivoiser un enfant blessé. Il peut alors être d'un grand secours d'utiliser des moyens non verbaux, comme des symboles ou des contes, pour aborder l'enfant de la façon la moins menaçante possible.

En musicothérapie, on laisse l'enfant cheminer à son rythme. On lui permet de choisir ses instruments, son activité et le thème sur lequel on improvise, ce qui lui redonne graduellement le sentiment d'avoir une certaine maîtrise de ce qu'il fait.

■ AMÉLIE

Dominique, musicothérapeute, travaille depuis plusieurs années avec des enfants ayant subi des traumatismes psychologiques liés à des agressions, à de la négligence ou à de la violence. Elle travaille depuis six mois avec Amélie, qui a 8 ans. Il a fallu plusieurs semaines pour qu'Amélie commence à faire confiance à Dominique. Celle-ci a laissé à l'enfant toute la place et le temps qu'il fallait pour qu'elle apprivoise son nouvel environnement. Cela s'est fait tout en douceur, avec des improvisations sur des instruments qui ne « dérangent » pas trop, selon Amélie.

Un jour, après en avoir discuté avec Dominique, la musicothérapeute, Amélie s'est enhardie et a choisi de jouer sur un gros tambour. Chacune a alors pris un maillet. Dominique a attendu qu'Amélie se sente assez sûre d'elle pour donner le premier coup de tambour, provoquant un son dont la résonance était profonde. Amélie a alors poursuivi à un rythme régulier qui s'approchait du rythme cardiaque, autour de 60 battements par minute. Dominique s'est mise au diapason, frappant le tambour en même temps qu'Amélie. Dominique ne voulait surtout pas influencer Amélie. Elle voulait qu'Amélie s'exprime et se réapproprie son pouvoir.

Peu à peu, le rythme d'Amélie s'est accéléré. Dominique a suivi. Soudain, le tempo a doublé, dépassant 120 battements par minute pour atteindre jusqu'à 200 battements. Plus le tempo augmentait, plus le volume s'élevait. Il s'agit d'un réflexe normal en musique ; quand on joue vite, on a tendance à jouer fort. Et plus Amélie s'investissait dans cette improvisation, plus elle prenait de la force. Tout son corps était sollicité.

C'est alors qu'elle a atteint un sommet. Puis, elle s'est arrêtée brusquement et s'est mise à pleurer, durant plusieurs minutes, avant de retrouver son calme. La musique lui avait fait vivre une très grande tension, qui était déjà présente en elle, et le fait d'exprimer cette tension l'avait amenée à un état de calme profond. Il s'agit là d'un phénomène naturel ; lorsqu'une tension monte jusqu'à son point culminant, elle éclate et se résout. On appelle aussi ce phénomène la *catharsis*.

C'est ce qui est arrivé à Amélie. Après avoir « épuisé » son émotion, un sentiment de liberté l'a envahie. Elle a alors commencé à raconter ce qui lui était arrivé, le drame qu'elle avait vécu à l'âge de 6 ans et qui l'habitait depuis. À la séance suivante, Amélie affirma qu'en fin de compte, le gros tambour n'était pas si dangereux !

C'est comme si elle avait apprivoisé cette partie d'elle-même qui était terrorisée. Elle a vaincu le « silence », la peur de « dire » et, surtout, la peur de prendre sa place.

Ici, une mise en garde s'impose. Il faut faire preuve d'une très grande prudence quand on travaille avec des enfants blessés psychologiquement. Le soutien thérapeutique doit être mené par des professionnels expérimentés. Il ne s'agit surtout pas de traumatiser de nouveau l'enfant. Dominique a pris tout le temps qu'il fallait pour accompagner Amélie, elle s'est laissée guider par ce que l'enfant lui signalait, sans jamais provoquer ou rejeter quelque comportement que ce soit.

Le travail avec ces enfants blessés psychologiquement se fait avec une équipe multidisciplinaire, car l'enfant a besoin de soutien sur différents plans.

Le travail en musicothérapie a permis à Amélie de s'ouvrir verbalement, par la suite, à son intervenant régulier.

Amélie a aussi poursuivi des séances hebdomadaires en musicothérapie, où elle a continué à explorer des instruments. Dernièrement, elle a commencé à écrire des textes que la musicothérapeute et elle ont mis en chanson…

Déficience intellectuelle[4]

« On peut inscrire une panoplie d'activités musicales thérapeutiques dans un programme d'éducation adapté à des enfants qui vivent avec un handicap intellectuel. Eux aussi ont besoin d'identifier leurs sentiments et leurs émotions et de les exprimer

---

4. Texte de Chrystine Bouchard pour la Fondation des Jeunes handicapés intellectuellement de Lanaudière. Reproduit avec autorisation.

ensuite. Ils doivent acquérir de l'autonomie et apprendre à vivre en société. Les ressources disponibles en déficience intellectuelle, de moyenne à sévère et profonde, relèvent de disciplines plus spécialisées et là aussi, on a de plus en plus recours à la musicothérapie.

Les instruments de musique deviennent alors un moyen d'expression très intéressant, car les enfants ayant une déficience intellectuelle ont souvent des problèmes d'élocution. Leur estime de soi est souvent très faible et pour la rehausser, on utilise la musique pour travailler leur capacité de faire des choix, leur initiative, leur expression, la créativité, l'écoute et le respect de l'autre.

« En déficience intellectuelle, la notion de temps et d'espace n'existe pas. Or, la structure même de la musique impose, et de façon non menaçante, une organisation qui évolue dans le temps. La chanson, par exemple, possède une introduction, un couplet, un refrain et une conclusion. L'improvisation dirigée propose également un début, un milieu et une fin.

« Il arrive que l'enfant ayant une déficience intellectuelle ait une mémoire musicale remarquable, ce qui favorise la participation à un mode d'intervention comme la musicothérapie.

« De façon générale, les buts poursuivis se présentent selon un ordre précis :

Intérêt   *Interaction*   *Communication*

Il s'agit d'une séquence où le premier élément amène le second et le second, le troisième.

Intérêt

« Pour établir un contact, il faut instaurer un climat de confiance et, surtout, proposer des éléments qui suscitent l'intérêt de l'enfant. La première étape consiste à identifier ce qu'il aime entre autres par le langage non verbal : tourner son corps vers une source sonore, s'immobiliser, regarder la source sonore, toucher un instrument de musique, en choisir un, le manipuler, etc. On observe ensuite la constance de ces comportements pendant plusieurs semaines.

Interaction

« Une fois les observations consolidées et les intérêts identifiés, on installe un environnement propice au processus thérapeutique, qui préconise de provoquer des interactions pour ouvrir la porte à la communication. Il existe plusieurs types d'interactions : visuelles, gestuelles, musicales, verbales et non verbales.

« Cette étape peut s'étendre sur une très longue période et elle permet au musicothérapeute de jouer son rôle, c'est-à-dire favoriser les interactions chez l'enfant ou entre les enfants d'un groupe. Le partage d'instruments de musique, les techniques utilisées par le musicothérapeute, les jeux musicaux sur consignes, les associations musique/consignes, les improvisations dirigées, voilà autant d'occasions d'observer l'enfant en musicothérapie et de mesurer son évolution.

Communication

« L'étape de la communication concerne particulièrement les enfants qui souffrent d'une déficience intellectuelle, de légère à moyenne. On travaille la socialisation et la gestion des émotions. Les grandes étapes de la démarche thérapeutique sont constituées des demandes, des initiatives, de l'adaptation et du partage.

« Ce qui fait de la musicothérapie un mode d'intervention efficace et adapté aux enfants, c'est que chacun y trouve son compte. En effet, les idées et les initiatives musicales de l'enfant alimentent ses jeux et créent de nouvelles interactions. En jouant, l'enfant se trouve en situation de réussite, fier d'avoir accompli quelque chose avec les sons et la musique. On arrive à toucher sa partie créative et intacte grâce à l'idée que chacun possède en lui une musique et une expression. »

Le fonctionnement intellectuel est atteint de différentes façons chez les enfants et la musique s'adapte aux capacités de chacun. De plus, les enfants peuvent être atteints de problèmes ou de handicaps physiques, comme ceux qui souffrent de paralysie cérébrale, de maladies dégénératives, de spina-bifida… C'est pourquoi la musicothérapie s'attarde à plusieurs de leurs besoins.

La musicothérapie leur permet de s'intégrer au jeu et de se réaliser, sans que leur déficit interfère dans le sentiment de réussite et de plaisir. La musicothérapie vise plusieurs objectifs, dont ceux-ci : améliorer le langage et la communication ; offrir des occasions d'entrer en contact avec d'autres enfants ; améliorer la maîtrise et l'estime de soi.

■ MARTIN

Martin a 7 ans et présente une trisomie. Il fréquente une école spécialisée, où il est suivi en musicothérapie, chaque semaine, dans des séances de groupe.

Martin adore la musique et il est très motivé lorsqu'il se rend à sa séance. Cela fait partie de son programme scolaire. Pour lui, le groupe est sa deuxième famille. Il sait que les autres jeunes de son âge l'accueillent toujours avec un large sourire. Claudia, la musicothérapeute, commence chaque fois la séance avec une chanson d'accueil, qu'elle a composée exprès pour ce groupe. C'est leur rituel d'ouverture.

Claudia enchaîne avec une activité d'improvisation. Chaque enfant choisit un instrument de musique.

Aujourd'hui, on utilise les bois : claves, xylophones, blocs chinois, blocs sonores et barres résonantes, de différentes grosseurs et donc aux sons différents. Sur le xylophone, Claudia ne conserve que les cinq notes de la gamme chinoise, qu'on nomme aussi gamme pentatonique. En choisissant cette sonorité particulière, Claudia leur offre l'occasion de travailler autour d'un thème mélodique, dans le but d'élargir leurs possibilités d'expression et de repousser leurs limites.

Claudia demande qui veut commencer le premier à jouer de son instrument. C'est une occasion pour les enfants d'expérimenter le rôle de chef. Thomas, 9 ans, débute avec un rythme très régulier et modéré sur les blocs chinois. À tour de rôle, les autres entrent dans son improvisation musicale. Avant de débuter, Claudia leur a dit que chacun, à tour de rôle, aurait l'occasion d'être chef. Sans rien dire avec des mots, l'enfant chef doit amener le groupe à le suivre, en communiquant seulement par la musique.

Claudia fait partie du groupe et elle joue aussi des instruments. Elle soutient les enfants musicalement dans leurs initiatives et leur jeu musical. Pour les plus timides, c'est l'occasion de prendre davantage de place, de ne pas craindre ce que les autres vont penser.

Martin est un enfant très créatif. Il explore l'instrument sous tous ses angles et invente de nouvelles façons d'en jouer.

Les enfants ont appris avec Claudia qu'être « chef » ne signifie pas nécessairement « jouer fort ». Cela peut être subtil, comme ralentir le tempo ou jouer plus doux ou encore introduire un nouveau rythme que les autres reproduiront et répéteront. Devenir chef signifie aussi écouter, regarder et devenir solidaire des autres. Cela développe le sens de l'écoute. Les enfants doivent être attentifs les uns aux autres.

Après cette improvisation, où chacun a la chance de s'exprimer, on prend parfois quelques minutes pour recueillir des commentaires et parler des images ou des émotions que la musique a fait naître. Le thème de départ, inspiré d'une sonorité « orientale », a servi de prétexte pour faire sortir les enfants des sentiers battus, pour qu'ils expérimentent de nouveaux sons et de nouveaux rôles, apprenant ainsi à s'affirmer. Les commentaires recueillis après l'improvisation aident à faire des liens avec ce qu'ils ressentent et ce qu'ils vivent dans la musique. Il arrive qu'ils fassent aussi des liens avec leur quotidien, leur famille, leurs amis.

Claudia enregistre souvent les improvisations et le groupe écoute sa propre production. Chacun y va alors de ses réactions : « Cet instrument, c'est moi… », « Oh, que je joue fort !… » « On dirait des marionnettes qui dansent… »

L'écoute des enregistrements permet aux enfants de se rendre compte que leur jeu musical est aussi important que celui de l'autre, que la contribution de chacun est essentielle. « Tout le monde doit jouer ! », de dire les enfants.

La séance se poursuit avec des chansons liées au thème. Claudia reprend l'idée principale des commentaires recueillis. Cette semaine, un enfant avoue devant le groupe qu'il a de la difficulté à se faire entendre ; les autres sont d'accord pour dire que c'est parfois difficile de prendre sa place, même quand on y tient. Claudia propose au groupe d'écrire une courte chanson sur ce thème, à partir d'une mélodie de leur choix.

Alors, ceux qui le peuvent donnent leurs idées. Aidés de la thérapeute, les enfants donnent forme à leur chanson, peu à peu, d'une semaine à l'autre. Ils veulent la faire dans le style rap, qu'ils adorent.

Voici cette chanson rap, intitulée *Prends ta place*!

C'est dur de prendre sa place!
Je prends trop de place!
Je n'prends pas de place!
C'est dur de prendre sa place!
Je veux ma place!
Tu veux ta place!
Prends ta place!
Je prends ma place!
(…)

Les enfants ont appris leur chanson avec beaucoup de fierté et certains parents ont laissé un mot à Claudia pour lui dire que leur enfant était revenu de l'école en chantant cette chanson…

Déficit auditif

Malgré ce qu'on pourrait croire, les enfants qui souffrent d'un déficit auditif peuvent aussi bénéficier grandement de la musicothérapie. Le son ne s'entend pas *que* par les oreilles, il est également senti dans tout le corps, entre autres par la peau.

Depuis plusieurs années, on développe en musicothérapie des moyens de rejoindre ces enfants, afin qu'ils se sentent moins isolés. On utilise la musique pour développer le langage verbal par les éléments rythmiques et mélodiques qui en sous-tendent l'acquisition.

Quand l'enfant touche un instrument, il sent directement sa résonance et sa vibration, et il vit ainsi une expérience kinesthésique qui lui permet d'acquérir physiquement et intellectuellement des mots et des phrases. Pour cela, on utilise beaucoup les instruments en bois, par exemple les lames sonores individuelles, car elles donnent une note différente selon la grosseur de l'instrument. Avec des instruments aux sonorités graves, l'enfant sent encore mieux la vibration corporelle. Ainsi, le gong, qui a une grande résonance, permet à l'enfant qui approche ses mains de l'instrument de bien sentir la vibration. Le thérapeute peut aussi simplement mettre la main de l'enfant sur sa gorge ou sa mâchoire afin qu'il sente les vibrations que produisent les voyelles et les consonnes.

Le musicothérapeute place l'enfant tout contre l'instrument de musique, souvent fait de bois, afin qu'il le sente bien. Puis commence un jeu de style « question-réponse », où l'enfant et le musicothérapeute, à tour de rôle, proposent et imitent des sons et des syllabes. On se répond et cela crée un jeu musical.

Le musicothérapeute introduit graduellement de nouveaux sons, des rythmes différents, des contours mélodiques, des tempi plus lents ou plus rapides, afin d'enrichir le répertoire d'expression de l'enfant. On utilise une structure musicale qui s'apparente à la structure du langage, en prêtant surtout attention au rythme et à la mélodie.

Dans le cas d'un déficit auditif, il est essentiel de travailler avec l'orthophoniste. On s'entend pour poursuivre des objectifs communs et pour partager les réactions de l'enfant afin de s'adapter continuellement à son évolution.

La musicothérapie permet à l'enfant de développer le langage et d'améliorer la communication. L'aspect ludique de l'approche lui donne la chance d'utiliser toute sa créativité. Par exemple, les rythmes varient à l'infini. Dans une phrase musicale, on introduit des espaces à remplir avec des sons vocaux. On utilise en quelque sorte la musique pour éduquer l'oreille.

Déficit visuel

On peut également utiliser la musicothérapie pour compenser le déficit visuel, en développant la capacité auditive, la perception et la discrimination. On cherche à développer l'image corporelle, la conscience du corps et de l'espace, l'orientation spatiale. Cela augmente la confiance en soi et encourage le contact avec les autres enfants.

Pour un enfant non voyant, le son constitue un repère important. C'est vraiment son système d'alarme et son principal guide. L'ouïe est le sens le plus sollicité, avant le toucher.

La musique peut aider l'enfant souffrant d'un déficit visuel à intégrer des concepts de base comme petit, grand, lourd, léger en l'associant à des sons. Par exemple, sur le piano, une note staccato pour « petit » ; un son allongé pour « grand » ; un accord plaqué dans le registre grave du piano pour « lourd » et ainsi de suite. On utilise tous les éléments et instruments de musique pour faire découvrir concrètement à l'enfant des réalités qui sont abstraites.

Ainsi, pour que l'enfant développe son image corporelle et son orientation spatiale, on utilise la méthode Jaques-Dalcroze, qui fait appel à différentes « démarches ». L'enfant marche en rythme sur le son d'un tambour ou à partir d'une image. Au préalable, il touche une représentation en bois de l'objet ou de l'animal à reproduire, puis il le représente en bougeant, à sa façon ; il marchera comme s'il était un soldat de bois, une marionnette, une souris, une girafe, un ballon, etc. La musique improvisée au piano par le musicothérapeute s'adapte à toutes ces « démarches » et les possibilités sont infinies. En plus d'éveiller son imagination, cette approche l'amène à se représenter corporellement certaines images, par le senti et l'expérimentation.

Le musicothérapeute improvise aussi, musicalement, à partir des mouvements de l'enfant, comme pour lui refléter sa propre image en sons. Au début, l'enfant se sent parfois plus en sécurité en se déplaçant assis sur le sol. Et graduellement, quand il se sent en confiance, il se déplace dans la salle en marchant, en sautillant, en galopant. Le thérapeute reproduit aisément tous ces rythmes au piano, ce qui donne à l'enfant un sentiment de maîtrise et de liberté.

Cette activité amène l'enfant à évaluer graduellement les distances. On lui demande de faire un pas, puis deux, et ainsi de suite, en associant chaque pas à un son de tambour. L'enfant peut frapper lui-même du tambour, tout en se déplaçant. Ce qui pousse encore plus loin l'intégration du mouvement dans un espace et la coordination sensori-motrice.

On fait appel à la musique pour aider l'enfant à développer une sentiment interne et externe de la distance, ainsi que le sens de la direction, spécialement grâce au rythme et à la durée des sons. Le piano offre beaucoup de possibilités à cet égard, en tant qu'instrument à cordes, harmonique et percussif (les notes résonnent à partir d'un marteau qui frappe les cordes). Le musicothérapeute a une formation spécifique en techniques d'improvisation, ce qui lui permet d'utiliser tout le potentiel de cet instrument. L'enfant développe peu à peu le sens de la durée du son, qu'il associe à la distance. On fait varier les sons et les distances à volonté ce qui permet de maîtriser de plus en plus ses déplacements.

■ DAPHNÉE

Daphnée a 7 ans et elle est non-voyante depuis sa naissance. Elle affectionne particulièrement les « œufs rythmiques ». Ce sont des « œufs sonores » qui renferment des grains, des mini-maracas. On se déplace en les agitant et en créant un jeu de repérage ou de discrimination pour aider l'enfant à se situer dans une pièce. On utilise aussi des balles sonores, qu'on roule sur le plancher.

Daphnée et la musicothérapeute, Marjolaine, aiment dialoguer avec des œufs rythmiques. L'une propose un rythme, l'autre l'imite, et les deux transforment graduellement, au gré de leur fantaisie, le rythme de leur échange.

Daphnée adore aussi le jeu de discrimination auditive pour les enfants : Marjolaine place dans la salle des instruments de différents registres. Daphnée est au centre et pointe du doigt pour désigner la provenance du son, elle identifie ensuite l'instrument et le registre. Il y a plusieurs variations à cette activité que l'on rend de plus en plus complexe selon les progrès de l'enfant. Au départ, les sons sont très distincts et reconnaissables. Par la suite, on joue le même instrument dans deux registres différents, ou encore deux instruments différents à la fois. On peut aussi varier la vitesse à laquelle on change d'instruments. Les possibilités sont infinies.

Le but de cet exercice consiste à développer l'oreille de Daphnée afin d'aiguiser ce sens qui est vital pour elle.

Daphnée fait aussi partie d'un groupe de musicothérapie pour enfants non voyants de 6 à 8 ans. Une de leurs activités préférées consiste à suivre avec leurs bras le son de la musique. Quand le son « monte », les bras s'élèvent. Quand le son « descend », les bras descendent. On tape des mains quand on entend un accord, et quand on entend le tambour, on frappe les pieds sur le sol. Les combinaisons varient et augmentent en difficulté, selon les capacités des enfants.

Marjolaine utilise aussi des accessoires colorés, comme des foulards, pour faire les activités de mouvement inspirées par la musique. Certains enfants ont une capacité visuelle qui leur permet de distinguer les ombres et les mouvements.

Dysphasie

Les problèmes de dysphasie sont des troubles qui perturbent le langage expressif et réceptif. On fait de plus en plus appel à la musicothérapie pour aider ces enfants qui, d'ailleurs, réagissent bien à cette approche. Comme nous l'avons vu précédemment dans la section sur la communication, la musique régularise le débit du langage grâce au rythme, au tempo et à la mélodie.

■ VICKY

Vicky, 7 ans, éprouve beaucoup de difficulté à s'exprimer et à se faire comprendre par les autres. Depuis l'âge de 4 ans, ses parents savent qu'elle est dysphasique et, plus précisément, qu'elle a un déficit de production phonologique. Elle est suivie en orthophonie depuis l'annonce de son diagnostic. Ayant remarqué que Vicky aime chanter et qu'elle est très attirée par la musique, l'orthophoniste a suggéré à ses parents de l'envoyer voir une musicothérapeute pour soutenir le développement de son langage expressif.

Lors de son évaluation en musicothérapie, Lianne, la musicothérapeute, constate immédiatement que Vicky adore la musique et qu'elle possède un excellent sens du rythme. Elle observe que Vicky synchronise spontanément ses mouvements à la musique, qu'elle suit les ralentissements et les accélérations, qu'elle vocalise dans la tonalité choisie et que, quand vient le temps de prononcer des mots, elle persévère plus longtemps si les mots sont chantés plutôt que parlés. Cela confirme l'intuition de l'orthophoniste. On convient donc que Vicky suivra un premier volet de douze séances en musicothérapie, à raison d'une rencontre individuelle de 45 minutes par semaine.

Partant du désir de Vicky, Lianne compose une chanson spécialement pour elle dans le style « chanson à répondre ». Cette forme musicale permet à la musicothérapeute de chanter chaque phrase en modelant bien la respiration et l'articulation afin que Vicky réponde facilement par imitation. La mélodie est simple et facile à mémoriser. Elle comporte des temps forts clairement accentués et les accents toniques des paroles sont nettement découpés par le rythme. On utilise de façon répétée le pronom « je », qui est une notion difficile à saisir pour Vicky, dans des phrases courtes, avec des mots de deux syllabes. Le registre correspond à celui de la voix de Vicky et, lorsqu'elle chante la chanson avec Lianne, celle-ci adapte continuellement son tempo au débit de Vicky, en insérant des pauses bien marquées pour lui permettre une meilleure production phonologique. De plus, c'est Vicky qui décide si la chanson sera accompagnée au piano ou à la guitare, et c'est elle aussi qui en choisit le titre : « Je chante tout le temps… ».

Au bout de cinq séances, on intègre un nouveau couplet, incluant quelques mots de trois syllabes. Lorsque Vicky connaît bien sa chanson « à répondre », c'est elle qui commence à chanter et c'est la musicothérapeute qui répond, ce qui permet à Vicky de repérer elle-même les mots, la mélodie et le rythme, et de devenir plus autonome. Dès la dixième séance, Vicky arrive facilement à chanter sa chanson avec beaucoup d'expressivité.

DAVID ET SON GROUPE DE MUSICOTHÉRAPIE

David, 13 ans, a toujours éprouvé des difficultés d'attention et de comportement, mais depuis les dernières années, il est devenu agressif. Il présente un syndrome phonologique syntaxique. Bien qu'il ait fait des progrès marqués pour ce qui est de sa compréhension du langage et de son expression verbale, il se montre impatient dans les situations d'apprentissage et fait presque chaque jour de grosses colères, à la maison et à l'école. Il a peu d'amis et s'isole souvent. Il lance la balle au mur et écoute de la musique dans sa chambre. Son père, qui « chatouille » un peu la guitare, a remarqué que son fils suivait bien le rythme et il décide de l'inscrire dans un groupe de musicothérapie.

Lianne, la musicothérapeute, dirige un groupe de six jeunes adolescents. Avant d'accueillir David, elle le rencontre pour faire son évaluation. Dans le choix d'instruments de musique et dans le jeu rythmique de David, elle observe une grande retenue, ce qui contraste avec l'intensité des sentiments de frustration et de colère qui apparaissent dans ses choix de chansons. Dans l'ensemble, l'évaluation suggère que David possède une fragile estime de lui-même et qu'il souffre probablement d'un début de dépression. Il semble anticiper l'échec et n'ose pas expérimenter avec les instruments qu'on met à sa disposition. Pourtant, vers la fin de la séance, une improvisation avec la musicothérapeute révèle que David possède une très bonne oreille et qu'il éprouve un réel plaisir à jouer avec les sons et les rythmes du xylophone, surtout quand Lianne exécute au piano un écho sonore à ses expérimentations musicales. De plus, malgré une grande résistance à verbaliser, il chante volontiers sur un enregistrement de son groupe préféré et, après l'improvisation, il est soudain plus volubile avec Lianne.

Dès la semaine suivante, David se joint au groupe. Comme priorité dans le plan d'intervention, Lianne a ciblé l'expression de soi et la communication avec ses compagnons, afin d'éviter à David la dépression et d'augmenter son estime de soi. L'impression clinique de Lianne se vérifie au cours du mois qui suit, car David se fâche de moins en moins, exprime de plus en plus de plaisir. Il est de plus en plus attentif, aussi bien en musicothérapie qu'à l'école. Chaque activité musicale dans le groupe est reliée à un objectif du plan d'intervention de David. Par exemple, on l'encourage à choisir lui-même l'instrument qu'il veut jouer dans les improvisations de groupe, à décider à quel trio il veut se joindre, à choisir les instruments pour tous les membres de son trio, etc. Graduellement, Lianne augmente le défi. Bientôt, elle lui demande d'assumer un rôle de soutien pour le groupe en jouant une ligne mélodique qu'il doit répéter sur le xylophone basse ou en proposant un rythme pour une improvisation de groupe.

À la 7e séance, David se montre assez spontané et confiant envers son groupe pour faire un solo instrumental sur le thème de la colère, pendant que les deux autres membres de son trio l'accompagnent aux percussions et que le reste du groupe l'écoute attentivement. David devient de plus en plus expressif avec les instruments de musique, son jeu est musical, d'une grande sensibilité et il cherche à faire des nuances. Vers la 11e séance, Lianne choisit spécialement le moment où David vient d'improviser une ligne mélodique bien sonore pour diriger la finale de l'improvisation du groupe. Lianne s'assure qu'à chaque séance, David vit des expériences valorisantes et connaît le succès (estime de soi). À la dernière rencontre, David participe à la composition des paroles d'une chanson à partir de sentiments agréables et désagréables qu'il a eus. Bien sûr, le groupe accompagne ce dernier chef-d'œuvre intitulé : « Nous autres, on n'aime pas… ».

La musique est innée : la prédisposition musicale est déjà présente chez le nouveau-né et plusieurs capacités musicales relativement complexes apparaissent d'elles-mêmes dans le développement de l'enfant, avant plusieurs autres habiletés cognitives et langagières de base. On peut même dire *malgré le retard ou l'absence* de ces habiletés. Vicky et David sont naturellement et normalement doués pour la musique, et leurs capacités musicales constituent des atouts précieux pour affronter leurs graves problèmes de communication ou de comportement, et pour se développer de façon harmonieuse[5].

Voici maintenant un autre exemple de l'influence de la musique sur la communication et le lien avec les autres enfants.

---

5. Les deux exemples précédents sont tiré de : BARGIEL, M. et L. LABBÉ. « L'enfant dysphasique et la musicothérapie ». *L'Onde : bulletin de l'Association québécoise de musicothérapie* 2003 8 (2) : 8-10.
Reproduit avec l'autorisation des auteurs.

◼ ALEXANDRE

Alexandre, $3\,^1/_2$ ans, a beaucoup de difficulté à s'exprimer à cause d'un trouble de langage ; il parle dans un jargon souvent incompréhensible. Il vient d'arriver au pays en tant que réfugié, avec sa mère et sa sœur. Il doit s'adapter à un milieu complètement nouveau. Il ose très peu regarder les autres dans les yeux et il éprouve de la difficulté à jouer avec ses petits compagnons. Lorsqu'on le voit pour la première fois en musicothérapie, il s'anime, se précipite sur les instruments de musique et s'empresse d'explorer tous les sons possibles que produisent ces instruments. Rapidement, il crée une histoire autour de ce monde sonore et chaque instrument qu'il touche prend vie. Ici, en musicothérapie, il peut communiquer et être entendu en toute liberté. On sent sa joie et surtout le plaisir d'être « chef d'orchestre ».

Graduellement au cours des semaines qui suivent, il risque un regard vers sa musicothérapeute, Élaine, qui utilise la musique pour créer le contact. Puis, il s'exprime avec quelques mots et des phrases courtes. Un jour, Alexandre regarde dans les yeux son voisin, Mathieu, et l'appelle clairement par son nom. Mathieu lui répond par un grand sourire. Une barrière vient de tomber. Alexandre fait enfin partie du groupe.

Handicaps physiques

Il existe de multiples causes aux handicaps physiques. Un enfant vient au monde handicapé ou le devient après une maladie, un accident ou un traumatisme. L'enfant qui naît avec un handicap doit grandir en s'adaptant à sa condition ; cela fait partie de sa croissance. Dans le second cas, quand le handicap arrive plus tard dans la vie de l'enfant, il faut que l'enfant s'adapte, car son corps et ses capacités ne sont plus les mêmes. Vivant le deuil de son image corporelle, l'enfant éprouve alors, très souvent, un profond sentiment de désespoir et de découragement.

Selon l'âge de l'enfant, on tente de répondre aux besoins les plus urgents. Si l'enfant est encore très jeune, il doit se développer sur les plans physique, intellectuel et affectif. Dans la mesure du possible, s'il s'agit d'une condition récente, on veut rétablir ses habiletés et ses capacités physiques et cognitives. Plus il vieillit, plus il doit affronter les autres enfants de son âge qui n'ont pas de difficultés sur les plans physique et moteur. Il ne peut pas toujours les suivre dans les activités extérieures ou sportives. Peut-être se déplace-t-il en fauteuil roulant, peut-être se fatigue-t-il rapidement, mais dans tous les cas, l'enfant désire une vie normale, comme ses amis. On doit s'occuper aussi de son développement psychologique et social.

Les enfants qui souffrent de maladies chroniques, évolutives ou non, nécessitent des soins continus. Ils font face à toutes sortes de difficultés, qu'elles soient physiques, intellectuelles ou affectives. La musicothérapie vise à utiliser chez ces enfants leur capacité créatrice, qui est intacte. On désire stimuler les sens de l'ouïe, du toucher, de la vue, et on travaille la motricité, fine et globale: «…Plus une situation est complexe, plus elle engage de façon massive les zones cérébrales, et c'est justement ce qui se passe avec la musique. Voilà pourquoi l'approche musicale est si utile et bénéfique en réhabilitation ou en rééducation[6]. »

■ CHRISTOPHE

À 12 ans, Christophe vit en centre d'hébergement. Il présente un handicap physique et intellectuel profond à la suite d'une naissance difficile. Il souffre d'une maladie génétique dégénérative qui le garde au lit ou

---

6. DESPINS, J.P. «Art musical et neuropsychologie» *Revue P.R.I.S.M.E* 1991 2 (2): 246-259.

dans un fauteuil roulant. Il bouge les bras avec un minimum de maîtrise. Il émet quelques sons qui expriment de la joie ou du mécontentement.

Stéphane est musicothérapeute et, après avoir consulté le dossier de Christophe, fait une première évaluation de ses capacités physiques et intellectuelles en utilisant quelques instruments de musique. Il voit ce que Christophe peut faire avec les instruments de musique et le regarde réagir aux différents sons.

Après cette évaluation, Stéphane établit les objectifs qu'il aimerait poursuivre avec Christophe. Le musicothérapeute veut maintenir et, dans la mesure du possible, augmenter sa mobilité physique afin d'améliorer sa coordination motrice; développer sa conscience de l'environnement et sa communication en élargissant son répertoire expressif. Enfin, il voudrait offrir à Christophe une occasion de jouer et de s'amuser.

Après avoir rencontré l'ergothérapeute pour adapter les instruments de musique à Christophe, Stéphane amorce la première séance de musicothérapie.

Il met une baguette dans la main droite de Christophe, qu'il attache avec une bande «velcro», et lui présente le tambourin pour que l'enfant lève son bras afin de frapper l'instrument. Au tout début, Stéphane montre à Christophe comment faire, comment tenir sa main et imiter le mouvement. Après un certain temps, cela devient plus facile. On sent le visage de Christophe qui s'éclaire, étonné du son qui résonne. Stéphane déplace le tambourin tout autour de Christophe, de côté, au-dessus et au-dessous, afin qu'il le suive des yeux et frappe l'instrument en adaptant son mouvement. Stéphane varie la vitesse à laquelle il lui présente l'instrument pour qu'il accentue ou ralentisse aussi sa vitesse de réaction. Christophe semble prendre beaucoup de plaisir à cette nouvelle activité, qui mobilise ses membres supérieurs.

Depuis le début des rencontres, les séances se déroulent dans la chambre de Christophe. À un certain moment, le musicothérapeute l'emmène dans une salle de musicothérapie où le choix d'instruments est plus grand.

Après quelques mois, Stéphane présente à Christophe des instruments Orff aux sonorités diverses, des bois et des cuivres. On met à contribution différents éléments musicaux, comme le rythme ou la mélodie, pour offrir de nouveaux stimuli sonores à Christophe, multiplier ses expériences de discrimination auditive et de reconnaissance, ce qui développe sa mémoire à court et à long terme. Stéphane encourage Christophe à jouer sur tous les instruments en les tenant devant lui.

Il arrive aussi que le musicothérapeute joue des accords sur la guitare en la plaçant devant Christophe, qui n'a alors qu'à gratter les cordes, en passant son pouce, plus agile que les autres doigts.

Depuis toujours, Christophe vocalise. Stéphane en profite pour structurer son « chant ». Il joue au piano dans la même tonalité que Christophe, soutenant harmoniquement ses vocalises. Le musicothérapeute élargit le « vocabulaire » vocal du jeune homme en introduisant de nouvelles vocalises à partir de ce que fait Christophe. Ce dernier affectionne le « A ». Stéphane reprend cette vocalise et la transforme, la modèle pour que Christophe s'y glisse comme s'il était entraîné par le son. C'est ainsi qu'au fil des semaines et des mois, ils explorent ensemble les voyelles, ce qui colore le chant.

Le travail vocal est très important pour maintenir la capacité pulmonaire de Christophe et pour l'oxygéner. Le fait qu'il soit plutôt immobile l'expose à des complications de nature circulatoire ou respiratoire. On utilise donc régulièrement l'improvisation vocale.

Le musicothérapeute demande à la grand-mère maternelle de Christophe, qui vient régulièrement le voir, si elle aimerait participer à une séance de musicothérapie. En permettant aux parents et aux grands-parents de participer activement à la vie de Christophe, Stéphane désire diminuer leur sentiment d'impuissance.

Le musicothérapeute lui demande alors si elle aimerait chanter les berceuses favorites de sa fille à Christophe. Stéphane s'installe au piano pour l'accompagner.

Dès les premières paroles, on sent une émotion chez cette dame qui affectionne beaucoup son petit-fils. Elle s'approche de lui et lui caresse la tête en chantant. Christophe est calme et fixe le visage de sa grand-mère.

Stéphane propose alors que ces berceuses et comptines soient enregistrées afin que Christophe les écoute en son absence.

Néonatalogie

Pour un enfant né prématurément et vivant en milieu hospitalier, les soins intensifs ou critiques engendrent un stress considérable auquel les parents eux-mêmes n'échappent pas : le va-et-vient du personnel soignant, les alarmes des appareillages, les soins, les interventions…

Le nouveau-né qui arrive avant son temps n'est pas tout à fait prêt à affronter le monde, mais il y est déjà. Son univers sensoriel, sonore, tactile et visuel est grandement sollicité.

Comment la musique peut-elle l'aider à ne pas se sentir envahi et à développer un sentiment de sécurité?

La musique a le pouvoir de capter l'attention et, par le fait même, d'atténuer les sons environnants parce qu'elle atteint plus directement les systèmes «primitifs» du cerveau, qui demandent alors moins d'efforts cognitifs.

C'est pourquoi il est crucial, en néonatalogie, de développer l'oreille de l'enfant, tout comme ses autres sens. Avant toute intervention en musicothérapie, on vérifie si l'enfant a des déficits auditifs et, le cas échéant, dans quelle mesure. Les éléments de fluctuation, de volume dans la musique, de choix et de qualité sonore des enregistrements ou des instruments utilisés sont quelques-uns des aspects à prendre alors en ligne de compte.

La musique peut servir d'«enveloppe» sonore, comme pour emmailloter l'enfant avec des sons rassurants. Le premier instrument à prioriser, c'est la voix, surtout la voix de la mère. C'est l'instrument à la fois le plus puissant et le plus intime. Quand l'enfant est collé sur la poitrine de sa mère, il sent toutes les vibrations de sa voix. De plus, comme il est déjà familier avec la voix parlée de sa mère, la voix murmurée et la voix chantée ajoutent les éléments berceurs de la mélodie, qui est pleine d'une intention aimante.

On peut aussi faire entendre à l'enfant des pièces musicales instrumentales ou vocales choisies pour leur qualité mélodique et rythmique. Ici, la simplicité est un élément essentiel. Il faut toujours se rappeler que l'enfant qui écoute la musique doit pouvoir la soutenir; par exemple, si le volume est trop élevé, la musique produira plutôt l'effet contraire et l'écrasera; et si le volume est trop faible, la musique ne le rejoindra pas. On choisit toujours la musique en fonction de l'évolution physique et psychologique de l'enfant. Les comptines et les chansons folkloriques sont excellentes, justement à cause de leurs phrasés mélodiques et rythmiques simples et faciles à mémoriser.

Comment savoir si la musique est adéquate? En observant le langage corporel de l'enfant, son état de tension ou de détente, ses signes vitaux (pression artérielle, rythme cardiaque et rythme respiratoire) et, chez le prématuré, la prise de poids. Il faut toujours protéger l'oreille de l'enfant tout en l'exposant à des sons intéressants, qui contribuent à son développement.

Dans certaines unités de néonatalogie, en Europe et aux États-Unis, on enregistre la voix de la mère et on la diffuse dans l'incubateur. On a vu ainsi se régulariser les rythmes cardiaque et respiratoire de l'enfant.

Des recherches démontrent qu'un bébé prématuré prend plus de poids quand on lui «administre» judicieusement de la musique dans l'incubateur, car cela diminue le stress lié aux sons environnants. Le rythme cardiaque et respiratoire fluctue, selon qu'on soumet le bébé à des stress répétés: sons subits et interventions fréquentes. L'utilisation de la musique contribue à régulariser ses signes vitaux et lui demande donc moins d'énergie pour s'adapter.

On choisit une musique en tenant compte de sa régularité, de la répétition dans le rythme et de la mélodie, du tempo, de l'intensité et des instruments. C'est une musique de ce type qu'il faut utiliser quand l'enfant est calme ou ne présente pas de détresse. Puis, quand il commence à présenter de la tension, on peut recourir à cette musique spécialement pensée pour lui[7].

Soulignons que les parents peuvent aussi bénéficier de la musicothérapie lors de leur séjour ou de leur visite à l'hôpital. Quand on les aide à diminuer leur anxiété, ils se sentent plus aptes à accompagner leur enfant. On peut leur offrir des séances parents-bébé qui aident à développer et à solidifier le lien parental.

---

7. WIGRAM, T. et J. DE BACKER. *Clinical Applications of Music Therapy in Developmental Disability, Paediatrics and Neurology.* Philadelphia: J. Kingsley Publishers, 1999. p. 36.

Problèmes médicaux

L'enfant qui est hospitalisé pour un court ou un long séjour passe par toutes sortes d'émotions et d'états, comme la peur de l'inconnu, l'éloignement de la maison familiale ou le stress pré et post opératoire.

La musicothérapie permet à l'enfant d'exprimer ses craintes et ses appréhensions. Elle facilite la réadaptation, diminue la douleur et améliore la capacité respiratoire postopératoire.

■ FRÉDÉRIC

Annie la musicothérapeute entre dans la chambre de Frédéric pour une première rencontre. Ses parents sont avec lui, ce matin. Frédéric a 4 ans et c'est la première fois qu'il quitte la maison. Il subira dans quelques jours une opération à la jambe. Il semble un peu inquiet et agité. Annie lui demande quel genre de musique il aime. Il lui donne quelques noms de chanteurs et ses parents ajoutent certains titres de chansons.

Annie accompagne alors Frédéric, au clavier, et ensemble ils chantent *Le petit renard*, une chanson qui parle d'un renardeau très courageux qui doit affronter des obstacles et qui en sort vainqueur. Annie utilise ce premier contact en musique pour développer un lien avec Frédéric. Elle le fait verbaliser autour de la chanson en lui demandant ce qu'il pense de ce petit renard.

Tranquillement, elle s'approche de la réalité de Frédéric en faisant des parallèles avec sa situation et lui demande s'il aimerait composer lui-même une chanson.

Annie continue à discuter avec Frédéric, en prenant soin d'écrire des brides de leur conversation et certaines des paroles toutes simples qu'il suggère. Ensemble, ils choisissent les instruments de musique qui accompagneront la chanson. Cette première rencontre se termine et Annie suggère à Frédéric de garder ses idées pour la prochaine fois.

Quelques jours plus tard, Annie revient. Elle s'installe avec Frédéric pour compléter leur chanson et quand Frédéric se sent prêt, il la chante à ses parents, appuyé par Annie. Il l'a intitulée *Un lapin vert !* La chanson parle d'une forêt où tous les animaux ont une fourrure verte. Bien sûr, Frédéric a remarqué que le personnel soignant de la salle d'opération était habillé en vert. C'est pour exorciser sa peur qu'il a transformé tout le monde en lapin !

Le lapin vert !

Frilou est un petit lapin
Il s'est cassé une patte
En sautant un bon matin
Pauvre petit Frilou

Tous ses amis de la forêt
L'ont amené chez le grand manitou
Qui abracadabra-abracadabrou
Lui a réparé la patte sans frais

Annie enregistre la chanson sur un disque compact que Frédéric écoutera durant son séjour à l'hôpital et de retour à la maison.

Pour aider Frédéric à se rétablir rapidement après la chirurgie, Annie le fait souffler dans des instruments à vent, comme un gazou, un harmonica ou une mélodica. Après une anesthésie, de tels exercices de respiration évitent bien des complications pulmonaires.

Pour un enfant, un accessoire semble plus intéressant s'il émet des sons, car on en fait un jeu. Les instruments à vent qui ne demandent pas de connaissances instrumentales ou musicales permettent des exercices vocaux qui favorisent la capacité pulmonaire et contribuent à diminuer l'anxiété. Le fait de souffler dans un instrument ou de chanter détourne l'attention vers le désir de projeter des sons.

Frédéric aura aussi besoin de services de réadaptation pour recouvrer l'usage normal de sa jambe. La musicothérapeute et la physiothérapeute travaillent ensemble en utilisant des pièces rythmiques, soit enregistrées soit improvisées par la musicothérapeute, pour réaliser les exercices prescrits.

Les enfants suivis en hémato-oncologie n'ont pas la vie facile ! Hospitalisations, ponctions lombaires, chimiothérapie, perte des cheveux… L'enfant ayant la leucémie peut-il arriver à ne pas se sentir agressé et menacé ?

ÉRIC

Éric est atteint de leucémie. Ce jeune garçon de 9 ans mène une lutte sans relâche contre son ennemi juré, Monsieur le Fantôme. Pour lui, Monsieur le Fantôme représente les mauvaises cellules leucémiques de sa maladie. Éric n'a jamais bénéficié d'une rémission complète et sa vie est réellement en danger. Comme on va le voir, l'activité de musicothérapie s'est s'avérée très importante pour Éric, car elle lui a permis d'apprivoiser la maladie, d'affronter la peur et de défier la mort. Pour lui, les fantômes font mal, ils font peur aux enfants et ils doivent être anéantis.

Avec Nathalie, la musicothérapeute, Éric choisit des sons d'orgue dramatiques et soutenus, semblables à ce que l'on retrouve dans les films d'horreur pour une mise en scène mimée. Le Fantôme (la thérapeute) a tellement peur qu'il doit se réfugier au fond de la salle de jeu, tout tremblotant, gémissant et s'écroulant par terre à l'occasion, quand on le tue. Éric laisse peu de chances au Fantôme de s'approcher de lui. Il joue de petits motifs angéliques et sautillés qui laissent le Fantôme s'avancer de trois pas puis, soudain, il ramène les sons dramatiques et l'ennemi n'a d'autres solutions que de reculer de deux pas en mimant la peur. Il faudra une demi-heure au Fantôme pour réussir à s'approcher de l'enfant, à la condition expresse d'être son ami.

Tout au long de la séance, on voit le visage vainqueur de l'enfant. Avec ses sourires, ses éclats de rire et ses yeux brillants, il déclare : « Ah ! Ah ! Ah ! Je t'ai bien eu, Monsieur le Fantôme ! »

Cette séance de musicothérapie a donné à l'enfant l'occasion d'illustrer ses luttes quotidiennes en unissant l'improvisation musicale à l'art dramatique[8].

Santé mentale : anorexie, toxicomanie, troubles de comportement

En santé mentale, on rencontre différents problèmes, des dépressions, des psychoses, de la schizophrénie, des troubles d'obsession, etc. Étant donné la complexité possible de la condition du jeune, il est important de bien évaluer ses besoins et de lui offrir un large éventail d'expressions musicales.

---

8. Adapté de l'article de LEDUC, N. « Quand la parole ne suffit plus : la musicothérapie auprès des enfants atteints de cancer ». *Frontières* 1993 6 (1) : 60-61.

Le travail d'équipe est absolument essentiel ici, afin que tous les intervenants poursuivent les mêmes objectifs thérapeutiques. La musicothérapie s'adapte à l'âge et à l'enfant qui présente un problème de santé mentale. Le travail est souvent actif dans des improvisations instrumentales et vocales.

La musicothérapie offre aux intervenants une occasion de connaître et d'explorer les forces du jeune par la musique.

■ LINA

Lina, une adolescente de 17 ans, est hospitalisée pour un amaigrissement sévère. Elle est suivie de très près par l'équipe médicale et par la travailleuse sociale.

En séance de musicothérapie, elle se tient le dos courbé, sa voix est timide, elle semble avoir peu confiance en elle. Elle explique que c'est difficile d'être à l'hôpital, loin de ses amies. Marianne, la musicothérapeute, lui propose de faire quelques rencontres. Elle lui demande d'apporter ses disques compacts préférés lors de la prochaine séance. Lina accepte avec une certaine gêne.

Le lendemain, Marianne suggère à Lina d'écouter une ou deux de ses chansons favorites. Lina fait écouter une chanson qui parle de la difficulté d'aimer. Marianne entend Lina murmurer la mélodie. Une fois la chanson terminée, Marianne mentionne à Lina qu'elle aussi a une jolie voix et lui propose de refaire jouer cette chanson ou une autre de son choix, et de chanter en même temps que la chanteuse, «comme si c'était toi la chanteuse qui donne tout ce qu'elle a». Lina se dit un peu intimidée, Marianne lui offre de chanter avec elle, et elle accepte.

Elles chantent donc cette chanson et Marianne, qui reste discrète, sent beaucoup de puissance dans la voix de Lina. Cette dernière redresse sa posture, dégage ses épaules, respire profondément. C'est une adolescente différente qui se trouve devant elle.

Marianne explique à Lina combien elle a été touchée par la beauté de sa voix et, surtout, de la voir chanter avec tant de confiance. Lina lui confie qu'elle chante souvent en secret, à l'écart des autres. Elle se sent « bien dans sa peau » dans ces moments-là.

Marianne lui signale que c'est sûrement un excellent moyen de s'exprimer et de sortir d'elle-même, que tout semble changer quand elle chante. La musicothérapeute lui offre la possibilité de travailler avec des chansons et de l'improvisation vocale, si elle le désire. Le premier réflexe de Lina est de dire « oui », mais elle hésite, de crainte des remarques des autres sur son apparence physique. Marianne en profite pour inciter Lina à dire ce qu'elle vit psychologiquement et physiquement. Marianne lui explique par la suite que le but de leurs rencontres n'est pas d'arriver à performer en public, mais plutôt de goûter sans gêne au plaisir de chanter, comme elle aime le faire en secret.

Le séjour de Lina doit durer de deux à trois semaines, selon l'évolution de sa santé. Les séances de musicothérapie ont lieu trois fois par semaine.

Les séances utilisent donc la voix comme instrument principal. Marianne, qui l'accompagne au piano, propose à Lina d'y aller sans le disque. Celle-ci fait le grand saut. Elle prend ce « risque » de se dévoiler davantage. Ce « risque » représente un pas vers la confiance en soi, vers l'affirmation de ce qu'elle est.

Lina réalise qu'elle a des forces, qu'elle peut être en contact avec ce qu'il y a de beau en elle et qu'à un moment donné, elle pourra faire entendre sa voix aux autres. Elle se rend compte que, lorsqu'elle chante, elle maîtrise la situation. Bientôt, elle associe chant et plaisir avec maîtrise et réalisation de soi.

Durant les deux semaines et demie que dure son séjour à l'hôpital, Lina a choisi des chansons qui comptent pour elle, qui reflètent une partie de sa vie. Elle a aussi choisi des chansons d'avenir qui parlent de ses rêves. Elle les a toutes interprétées, en étant accompagnée au piano par la musicothérapeute. Ces chansons ont été enregistrées sur un disque compact.

Lina doit poursuivre un suivi en externe à sa sortie de l'hôpital. Elle assiste à quelques séances supplémentaires de musicothérapie. Par la suite, elle s'inscrit à des cours de chant pour pousser plus loin sa technique vocale et son expression.

La musique occupe une grande place dans la vie des jeunes. Toutes leurs émotions s'y expriment : révolte, tristesse, peur, bravoure... La musique est un miroir dans lequel ils se reconnaissent et, selon leurs choix, ils forment des groupes d'appartenance.

Les choix de chansons sont souvent très importants en musicothérapie ; cela constitue un indice précieux de ce que ressent le jeune. Les musiques dissonantes et un peu chaotiques aux oreilles des adultes reflètent le monde intérieur de l'adolescent, en ébullition et parfois même en révolte.

La consommation de drogues et d'alcool est souvent problématique à l'adolescence. La musicothérapie permet alors d'améliorer la communication, de vivre les émotions « à froid », d'apprendre à les exprimer, de diminuer l'anxiété, de tolérer la frustration et d'avoir plus confiance en soi.

■ FRANCIS

Francis a 16 ans, il se sent humilié de se retrouver dans un centre de désintoxication, mais il est également soulagé, car il souffre sur le plan psychologique. Depuis quelques années, il consommait de plus en plus et la situation était devenue critique, au point où plus rien ne fonctionnait, ni à l'école ni à la maison.

Francis doit participer à des groupes de thérapie et à des séances individuelles avec la psychologue. Ce jeune communique difficilement. Cependant, il confie à l'intervenante qu'il sent comme un « trop-plein qui n'arrive pas à sortir ». Après consultation avec la musicothérapeute Caroline, la psychologue décide de référer Francis en musicothérapie pour l'aider à s'ouvrir autrement que par la parole.

À la première rencontre, Francis entre dans la pièce de musicothérapie, silencieux, un peu étonné d'y voir autant d'instruments de musique, comme si on était là pour « jouer ». Caroline l'invite à essayer quelques instruments de son choix. Francis est plutôt hésitant. Il se dirige vers un tambour africain et commence à taper dessus, au hasard, avec une main. Caroline l'écoute sans rien imposer. Puis, Francis s'attarde à un autre instrument de percussion plus gros, une conga. Il commence à en jouer avec ses deux mains et semble y trouver un certain plaisir, mais sans nécessairement le démontrer clairement. Il essaie quelques rythmes. Caroline commence à faire écho à son jeu musical en jouant sur une autre conga. Graduellement, leurs jeux s'entremêlent. Caroline maintient une pulsation de base sur laquelle Francis peut improviser. Elle lui laisse le soin de décider du moment où il arrêtera.

Il se passe quelques semaines avant que Francis ne commence à parler lors des séances. Caroline ne force rien, jusqu'au jour où, après la visite de son frère Benoît, Francis entre dans la salle avec un air découragé. Il s'assoit, joue de la conga, mais avec peu de conviction, et bientôt il s'arrête et se met à parler de son frère qu'il a toujours envié. Son frère Benoît réussit très bien à l'école et dans les sports. Tout va pour le mieux dans sa vie. Francis dit se sentir tellement « minable » à côté de lui. Il sent aussi qu'il déçoit ses parents et leur cause toutes sortes de problèmes.

Après l'avoir laissé s'exprimer, la musicothérapeute lui demande s'il aurait le goût de faire une improvisation avec elle sur le thème « Ce que j'aimerais vous dire ». Il accepte et choisit un instrument différent, un carillon, instrument mélodique plus près de l'émotion que les tambours. Caroline lui demande quel instrument il voudrait qu'elle joue, et Francis lui dit qu'elle peut utiliser l'instrument qui lui plaît. Caroline se dirige alors vers le piano. Elle sait que le piano soutient bien, au point de vue de l'harmonie, et que cela aidera Francis à improviser. Ce dernier commence à jouer sur le carillon, qui a un son très doux et résonnant. Un son qui rappelle l'enfance. Caroline joue dans la même tonalité, en établissant une pulsation rythmique qui s'imbrique dans la mélodie. Francis est très concentré, on sent qu'il s'investit sur le plan émotif. Le tempo reste le même tout au long de l'improvisation, assez lent et modéré.

Caroline continue à jouer des accords, et parfois elle fait écho à la mélodie de Francis, dans un registre plus grave ou plus aigu, afin de donner de l'ampleur au phrasé mélodique qui représente la pensée et l'émotion de l'adolescent. Caroline n'a pas à interpréter ou à juger quoi que ce soit, elle est plutôt là comme un « miroir » qui reflète la sensibilité de Francis.

Puis, l'adolescent met fin à l'improvisation. Après un moment de silence, il dit : « Ça semble plus facile à dire avec la musique, mais cela me fait réaliser combien j'aime mon frère et mes parents. Ils me manquent énormément. Comment puis-je réparer tout le mal que je leur fais ? » Francis se sent coupable et montre le désir de se rapprocher de sa famille et, surtout, de se faire accepter de nouveau. Caroline propose alors d'inviter son frère à une prochaine séance afin qu'ils puissent faire de la musique ensemble. Francis n'est pas sûr que son frère sera intéressé. Pourtant, celui-ci accepte.

Le jour J arrive et on sent une certaine fébrilité chez les deux frères. Francis choisit un instrument à percussion, le bongo (deux tambours attachés ensemble) et son frère Benoît prend les claves (deux bâtons de bois que l'on frappe ensemble). Caroline s'installe au piano, pour soutenir leur jeu musical. Elle prend l'initiative de commencer dans le registre moyen, en plaquant des accords dans un tempo régulier afin de créer l'espace nécessaire au dialogue des deux garçons. Francis commence à jouer du bongo avec ses deux mains. Il suit le rythme de la musicothérapeute. Benoît le suit avec les claves, en jouant le même rythme.

Après un certain temps, une connivence s'installe et Caroline joue de plus en plus doux pour faire silence et laisser Francis et Benoît se « dire », en musique, ce qu'ils ressentent l'un pour l'autre.

Le dialogue est très intéressant à entendre, teinté d'affection et parfois même d'humour. Les grands discours ne sont pas toujours les moyens de communication que privilégient les adolescents. Par contre, la musique est leur langage, tout passe par elle, qu'ils l'écoutent ou qu'ils la jouent, quand cela est possible.

Après l'improvisation musicale, les deux frères se sont regardés. Francis était un peu inquiet de la réaction de son frère. Benoît, lui, semblait très impressionné de voir Francis jouer du bongo. Il était ému et dit à Francis : « Je suis chanceux de t'avoir comme frère. Et tu sais, tu nous manques à la maison. On a hâte de te revoir ». Francis fut très surpris de cette réaction et dit à Benoît comment il se sentait mal à cause de tout ce qu'il avait fait ces dernières années et qu'il pensait qu'il n'aurait plus sa place dans la famille.

Benoît félicita Francis pour tout ce qu'il était en train d'accomplir et lui dit à quel point il admirait son courage.

Après son séjour intensif en désintoxication, Francis poursuivit ses séances de musicothérapie en externe et intégra un groupe de psychothérapie verbale hebdomadaire, animé par sa psychologue. Les séances de musicothérapie se diversifièrent. Francis commença alors à écrire des chansons, avec l'aide de Caroline. Il les intitula *Veux-tu m'aider ?* et *Ma vie au loin*. Ses chansons parlent de lui. Elles sont simples et imprégnées des vraies choses.

Comme on le constate, le travail en musicothérapie ne s'est pas concentré sur le problème de consommation, mais plutôt sur les sentiments de Francis par rapport à lui-même et à ses proches. La musique lui a permis d'exprimer des émotions douloureuses, sans toutefois se sentir menacé. Elle lui a donné accès à des zones de lui-même qui étaient difficilement accessibles.

Il y a diverses causes aux troubles de comportement. Ceux-ci sont parfois organiques, c'est-à-dire causés par une maladie physique ou un trouble neurologique. Parfois, ils constituent une façon de s'adapter à une situation difficile ou insoutenable. Ou alors, ils reflètent des frustrations et des échecs répétés à l'école.

Quoiqu'il en soit, les enfants qui ont des troubles de comportement ont besoin d'aide. Bien sûr, la musicothérapie n'est pas une approche miracle, mais elle propose des pistes d'intervention. La structure de la musique modèle souvent le comportement de l'enfant.

La plupart du temps, les premières rencontres se font en séances individuelles, jusqu'à ce que le jeune puisse intégrer un groupe. En effet, ses difficultés se situent souvent dans les relations avec les compagnons ou avec l'entourage familial.

L'improvisation offre à l'enfant la possibilité de canaliser le caractère impulsif de ses émotions dans un contexte non menaçant. La musique offre une structure qui incite l'enfant à se régulariser et à organiser ses comportements.

JULIEN

Voici l'histoire de Julien, 11 ans, qui avait beaucoup de difficultés à maîtriser ses émotions. Il tolérait très peu la frustratôn et il lui arrivait d'avoir des comportements violents. Il avait fugué de la maison à quelques reprises. On aurait dit qu'il étouffait.

Lors de la première séance, Claire, la musicothérapeute, mit des instruments de musique à la disposition de Julien pour qu'il improvise. Le garçon s'est alors dirigé spontanément vers les grosses percussions. Son premier réflexe fut de jouer très fort en passant rapidement d'un instrument à l'autre. Le tout sonnait de façon un peu chaotique et désorganisée. Cependant, Julien aimait ce qu'il entendait et cela semblait concorder avec le tourbillon qui l'habitait.

Claire savait désormais quelle direction donner à la thérapie. Julien avait d'abord besoin de s'entendre, de se voir aller. Il devait aussi apprendre à maîtriser ses impulsions, car ses émotions prenaient trop souvent le dessus.

Parallèlement à ce travail de maîtrise, Claire allait tenter de développer chez Julien un sentiment de confiance en mettant l'accent sur ses forces, sa créativité et sa capacité de s'investir dans une activité. La thérapeute avait observé à quel point il avait tendance à s'abaisser, à dire qu'il ne valait rien. Cette « cassette » tournait constamment dans sa tête.

Par la suite, quand il se sentirait prêt, c'est-à-dire quand il ne représenterait plus une menace ni pour lui ni pour les autres, il pourrait intégrer un groupe et travailler ses rapports avec les autres. Le groupe constitue une mini-société dans laquelle on expérimente de nouveaux comportements et on peut établir des relations saines et satisfaisantes.

Cependant, Julien devait commencer par s'observer lui-même en travaillant avec la thérapeute. Claire donna donc la priorité à l'improvisation instrumentale, qui offre aux jeunes l'occasion de s'investir, tant sur le plan physique qu'affectif. L'improvisation permet d'agir, de se mobiliser. Derrière une façade « dure », donnant l'impression que le jeune rejette tout sur son passage, se cache souvent une forte anxiété qui le déroute.

Lors des improvisations, Claire faisait sentir à Julien que c'est lui qui dirigeait, afin qu'il découvre qu'il avait la capacité de maîtriser son jeu musical. Au cours des premières séances, les improvisations sonnaient systématiquement « chaotiques », sans nuances, le volume toujours à fond et le tempo toujours rapide, sans véritable direction. Après avoir épuisé son trop-plein d'énergie, Julien commença à opérer une transition vers une improvisation plus nuancée en ce qui concerne le volume sonore et le tempo. Il jouait moins fort et de façon plus modérée. Claire restait attentive aux motifs rythmiques et mélodiques qui émergeaient dans le jeu de Julien, elle découvrait son identité sonore, son expression unique.

Dans un « chaos », il se produit un phénomène tout à fait naturel : le flot musical finit toujours par se régulariser. Il faut donc laisser au jeune l'occasion de s'exprimer d'abord comme cela lui vient naturellement, tout en restant vigilant et sensible à ce que l'expression ne devienne pas « destructrice ». Il ne se passe pas beaucoup de temps dans l'improvisation avant qu'une pulsation de base s'installe et qu'un rythme émerge. Quand le jeune se dirige vers un instrument mélodique, il fait souvent surgir un motif, même à son insu. Si le « chaos » perdure, on utilise la musique différemment pour désamorcer ces « dissonances ». Par exemple, le thérapeute soutiendra l'improvisation par une pulsation de base, sur un instrument rythmique, ce qui offre à l'enfant un encadrement.

Lors des séances de musicothérapie avec Julien, on parlait peu. Tout se passait en musique. Et cela prit un certain temps avant que Julien laisse Claire improviser avec lui. Et Claire respectait cela, car Julien avait besoin de maîtriser son environnement, de se sentir en sécurité, dans sa propre bulle, sans toutefois dresser de barricades. Avant d'entrer en relation avec les autres, il devait prendre conscience de lui-même, cette étape nécessaire lui faisant défaut. Il était donc en train d'établir ses propres balises. Chaque personne doit ainsi protéger son intégrité.

Peu à peu, les improvisations de Julien commencèrent à se transformer. Puis, Julien commença à se sentir en contrôle, à comprendre qu'il pouvait lui-même s'entendre. Il commençait à toucher et à sentir sa véritable nature, celle d'un jeune être humain en croissance, créatif et imaginatif. Une fois qu'on a abordé les conflits qui occupent le premier plan, on a accès à l'expression authentique du jeune.

Graduellement, Julien invita Claire à jouer avec lui en lui désignant les instruments qu'il voulait qu'elle utilise. Claire avait pris soin de noter les motifs musicaux qui revenaient souvent dans ses improvisations. Elle utilisa donc ces motifs, surtout rythmiques, pour rejoindre Julien en musique, comme un écho, pour lui rappeler qu'elle « l'entendait ».

Au fur et à mesure que le temps passait, les improvisations de Julien prenaient de plus en plus forme, se distinguant par leur rythmique et ayant de moins en moins d'impulsions « involontaires ». Peu à peu, ces moments d'expression intense sont devenus des « solos » dans les improvisations.

Ainsi, Julien a réussi à transformer son attitude et à canaliser ses comportements conflictuels dans un cadre plus créatif.

En dehors des séances, Julien apprenait à régler ses conflits. Son niveau de frustration avait diminué, il commençait à laisser les autres l'approcher. Il était de plus en plus capable d'écouter les autres et d'attendre au lieu de réagir trop promptement.

Le temps était venu de passer à l'étape suivante, celle du groupe. Cela lui donnerait l'occasion d'établir un équilibre entre ses besoins individuels et les besoins du groupe. Il pourrait expérimenter différents rôles, comme celui de chef ou d'exécutant. Il pourrait prendre sa place et parfois la céder.

Claire, la musicothérapeute, est très sensible à l'anxiété que les participants vivent en groupe. C'est pourquoi le choix des activités thérapeutiques est si important. Celles-ci doivent comporter suffisamment de défis à relever pour que le jeune se mobilise, mais pas trop pour ne pas l'inhiber et le rendre encore plus anxieux.

Le groupe de musicothérapie, s'il est animé par un seul thérapeute, se compose normalement de quatre ou cinq jeunes ayant à peu près le même âge et le même genre de problèmes. Certains jeunes, qui cheminent déjà depuis un certain temps dans le groupe, servent parfois de modèles aux « nouveaux » qui arrivent. Et les « pros », qui sont là depuis un certain temps, constatent qu'ils ont accompli des progrès. Le groupe donne aux jeunes l'occasion de se rendre compte qu'ils ne sont pas seuls, qu'ils peuvent travailler ensemble et devenir solidaires les uns des autres.

Durant la phase initiale du groupe, chacun tente de saisir l'autre pour savoir s'il peut faire confiance au groupe. Les jeunes sont un peu hésitants, ils essaient de prendre leur place. On se dispute le « territoire ». Et ce qui est le plus intéressant, c'est que chacun recrée ainsi le monde qui l'entoure. On joue le même rôle qu'on a en société. Cela offre une occasion exceptionnelle de travailler ses relations avec les autres.

Le groupe de Julien rassemblait six garçons et était mené par deux thérapeutes, la musicothérapeute et le travailleur social. Ces deux animateurs, un homme et une femme, offraient aux jeunes la possibilité d'apprendre différentes façons d'interagir, autant de facettes d'une même situation. Le jeune peut aussi résoudre indirectement les conflits qu'il vit avec des figures masculines ou féminines de son entourage.

Avec le groupe de musicothérapie, Julien se retrouva devant son isolement, avec la « cassette » qui avait joué si longtemps dans sa tête et qui lui répétait qu'il « ne valait rien ». Il sentait de plus en plus que cette « petite voix » le trompait, que ce message intérieur était biaisé. Les autres jeunes et les thérapeutes lui renvoyaient un tout autre message. Ses improvisations instrumentales les surprenaient. Un jour, un des membres du groupe lui dit à quel point il avait l'air en contrôle et sûr de lui quand il jouait du gros tambour. La musique était devenue une alliée pour Julien, elle résonnait avec une expression toute personnelle, la sienne.

Soins palliatifs

Les soins palliatifs sont une réalité en pédiatrie, bien qu'il ne soit pas facile de l'accepter. Pour bien des gens, la mort des enfants ne fait pas partie du cycle normal de la vie. Cependant, il arrive que des enfants doivent se préparer à la mort. La famille et l'entourage vivent cette situation avec beaucoup de détresse et de souffrance.

Depuis plusieurs années, on offre des services de musicothérapie dans les unités et les maisons de soins palliatifs pour adultes en phase terminale de cancer ou de sida. On commence maintenant à utiliser également cette approche auprès des enfants afin de diminuer leur douleur, d'améliorer la communication et d'exprimer l'inexprimable.

Chaque famille vit cette épreuve de manière très personnelle et certains trouvent, à première vue, que la musique est de trop ou « indécente » pour un enfant suivi en soins palliatifs. Cependant, lorsqu'on sent son effet et que l'on comprend à quel point la musique permet de soutenir le malade, alors on en bénéficie. Bien sûr, il faut respecter le choix de l'enfant et de la famille qui ne désirent pas recevoir de tels services. D'une chambre à l'autre, on entre dans l'intimité des gens et il faut le faire avec beaucoup d'humilité. On doit aussi garder à l'esprit que l'enfant et son entourage ont déjà des ressources, que l'on doit honorer et encourager. En effet, quand l'enfant décède, la vie reprend son cours, avec les moments de douleur que cela implique. Les proches doivent alors sentir qu'ils ont assez de force intérieure pour continuer.

La musicothérapie appliquée en soins palliatifs demande beaucoup de respect de la part du thérapeute ainsi qu'une grande disponibilité pour satisfaire les multiples besoins de l'enfant et de sa famille.

Dans ce type de soins, il est essentiel d'opter pour un travail interdisciplinaire. Chaque intervenant partage alors l'information reliée à l'enfant, afin que tous puissent être le plus efficaces possible et aident l'enfant et ses proches à vivre les émotions que la situation entraîne.

■ MARIE-PIERRE

Gabrielle est une musicothérapeute spécialisée en soins palliatifs auprès des enfants. Elle travaille dans un hôpital pour enfants ainsi qu'à domicile. Elle a suivi Marie-Pierre, 10 ans, qui, après des traitements de chimiothérapie et de radiothérapie, n'a pu être guérie d'un cancer. Le premier contact s'est fait à la maison où la fillette a bénéficié de séances de musicothérapie. Puis elle a dû être hospitalisée, car son état s'aggravait et nécessitait des soins qu'elle ne pouvait recevoir chez elle.

Les premières rencontres permirent à Gabrielle de connaître Marie-Pierre et de se la représenter en dégageant d'elle, peu à peu, son portrait musical. Elle a grandi dans un milieu où l'on écoutait beaucoup de musique, principalement de la musique populaire francophone. Sa grand-mère avait déjà joué du piano. Marie-Pierre affectionnait la chanson francophone populaire et connaissait plusieurs vedettes. Elle aimait jouer sur le carillon et parfois sur les bongos. Cependant, elle avait de la difficulté à improviser, car la médication l'endormait et elle était faible.

Gabrielle utilise souvent un instrument qu'elle a fait faire par un luthier, exprès pour les patients en soins palliatifs. C'est une petite harpe pentatonique, au son plutôt oriental toujours harmonieux. Aucune connaissance musicale n'est nécessaire pour en jouer. L'instrument est léger et facile à jouer, on peut le déposer sur soi ou sur une table devant l'enfant. On en joue avec un seul doigt ou avec tous les doigts à la fois.

Spontanément, les enfants et leurs familles désirent jouer de cette petite harpe, à cause de la douceur de sa sonorité et de la beauté de l'instrument, fait d'essences de bois de qualité. Dès le départ, l'instrument leur semble presque familier. La petite harpe crée une atmosphère d'intimité et de recueillement. Quand la grande sœur de Marie-Pierre, Sophie, venait à l'hôpital, elle aimait en jouer pour sa petite sœur malade. C'était sa manière de lui dire qu'elle était là, qu'elle voulait lui offrir ce qu'il y a de mieux.

Ses parents, sa grande sœur Sophie et ses grands-parents étaient très présents auprès de Marie-Pierre. Gabrielle estimait qu'il était très important qu'ils soient intégrés aux séances de musicothérapie. Bien sûr, il y avait des rencontres où Marie-Pierre sentait le besoin d'être seule avec la thérapeute pour lui confier des sentiments qu'elle voulait épargner à sa famille, pour les protéger d'une certaine façon. Gabrielle et Marie-Pierre en avaient même fait une chanson, qu'elles avaient intitulée *Je vous aime*. Cette chanson racontait, avec toute la pureté de l'enfance, à quel point elle aimait les membres de sa famille et qu'elle ne voulait pas qu'ils aient de la peine. Elle avait peur aussi, parfois, qu'ils ne viennent plus la voir à l'hôpital, qu'ils l'abandonnent. Cette peur, plusieurs enfants la ressentent.

Pour la musicothérapeute, Marie-Pierre devait d'abord exprimer ses sentiments individuellement, car elle portait ses émotions «comme une grande». La musicothérapeute était aussi consciente que Marie-Pierre avait besoin du soutien de sa famille. Cette dernière était déjà très présente et, malgré le jeune âge de l'enfant malade, il y avait place pour se dire les choses que l'on ressentait afin que chacun puisse continuer à célébrer la vie avant de vivre le deuil.

Après un certain temps, Marie-Pierre s'est sentie prête à faire entendre à sa famille cette chanson dont la mélodie était empruntée à une de ses chansons préférées. Ensemble, l'enfant et la musicothérapeute interprétèrent leur création devant la famille. Marie-Pierre murmurait la mélodie.

Tout le monde fut touché. Le regard de chacun sur la maladie de Marie-Pierre fut quelque peu transformé. Il n'y avait donc pas *que* la maladie ! Il y avait encore de la place pour créer et pour vivre.

Gabrielle avait aussi demandé à chaque membre de la famille d'offrir une chanson à Marie-Pierre. Une journée que Marie-Pierre se sentait relativement bien, la musicothérapeute lui annonça que sa famille avait quelque chose à lui offrir. Ce jour-là, tous n'étaient pas présents, mais à quelques jours d'intervalles et à tour de rôle, ils lui ont tous offert une chanson. La grande sœur, Sophie, choisit une chanson rattachée à leur enfance, rafraîchissante et joyeuse. Sa mère, une berceuse qu'elle lui chantait depuis son jeune âge. Son père, *Ma petite est comme l'eau…* et sa grand-mère, *À la claire fontaine… il y a longtemps que je t'aime, jamais je ne t'oublierai…*

Quand les gens peuvent participer, à leur manière, au processus de la maladie, leur sentiment d'impuissance s'amoindrit quelque peu, même si la souffrance demeure. La musicothérapeute demeura très sensible aux besoins de Marie-Pierre, tout comme à ceux de sa famille, car ils étaient tous intimement liés. Dans de telles circonstances, toutes ces personnes vivent des émotions fortes et traversent des phases difficiles. Toutes demandent une attention spéciale.

Pour ce qui est de Marie-Pierre, le suivi s'est échelonné sur quelques mois. Dans d'autres cas, quand la maladie est très avancée, la musicothérapeute ne peut rencontrer l'enfant et la famille que quelques fois. La famille devient alors une ressource importante pour guider les interventions en musicothérapie. Tout prend alors de l'importance, le choix de la musique, le choix des instruments, le choix des chansons.

Ainsi, il arrivait que Marie-Pierre ait des maux de ventre. Elle pouvait alors s'administrer une médication avec une pompe qu'elle portait sur elle. Gabrielle et Marie-Pierre avaient développé ensemble des « stratégies » quand la petite sentait la douleur arriver. Elles pratiquaient des exercices de respiration en écoutant de la musique qui réconfortait Marie-Pierre.

Il arriva aussi que Gabrielle joua de la flûte traversière pour Marie-Pierre, quand celle-ci avait de la difficulté à respirer, quand elle se sentait anxieuse. La musicothérapeute connaissait un répertoire que Marie-Pierre affectionnait. Souvent, l'anticipation, l'anxiété et la douleur s'entremêlent. On s'attarde donc à tous ces aspects quand on approche l'enfant.

On se rend compte aussi que les proches qui sont au chevet de l'enfant bénéficient souvent de l'intervention musicothérapeutique. La musique diffusée dans la chambre atteint tout le monde et aide chacun à accompagner la personne malade.

Dans les derniers instants de la vie de Marie-Pierre, toute la famille était présente et l'entourait. Marie-Pierre était entrée dans la période de coma qui précède parfois le décès. Sa grand-mère, très attentive et très touchée par la sérénité qui régnait, commença à murmurer la chanson *À la claire fontaine*, la mère et la sœur de Marie-Pierre, commencèrent à la chanter aussi. C'était comme si elles lui adressaient un dernier aurevoir. Marie-Pierre est décédée le lendemain, entourée de sa famille. Ce fut une expérience très difficile pour la famille qui voyait partir un être tant aimé.

La musicothérapeute peut être très présente pour une famille durant l'hospitalisation et les moments qui entourent le décès, si tel est le souhait du malade et de son entourage. Elle peut aussi offrir un suivi de deuil aux proches. La sœur de Marie-Pierre, restée assez taciturne tout au long de cette expérience marquante, reçut ainsi un suivi de deuil, qui l'aida à vivre cette épreuve.

Autisme

C'est en Europe qu'on a commencé à appliquer aux enfants les découvertes de la musicothérapie, particulièrement aux enfants autistes. En Angleterre, la violoncelliste Juliette Alvin a développé pour eux une approche qui a grandement contribué à ouvrir le champ de la musicothérapie. Selon son approche, il s'agit d'utiliser la musique pour établir un pont entre le monde de l'enfant et le monde extérieur.

« On observe souvent chez les autistes des problèmes de langage et, le cas échéant, la musicothérapie aide à la correction de ces problèmes. Par exemple, on a vu chanter des personnes autistiques, même si elles ne parlaient pas. Pour ces personnes, les activités de chant sont recommandées, sous la direction d'un musicothérapeute, car elles améliorent de façon notable le langage. On peut ainsi améliorer des problèmes d'écholalie, d'intonation et même d'absence totale de verbalisation. Prenons l'exemple d'un enfant qui présente des symptômes d'écholalie, cette tendance spontanée à répéter systématiquement la fin des phrases de l'interlocuteur. Dans un exercice typique, l'intervenant en musicothérapie manipule une poupée tout en chantant «*c'est une poupée*». L'enfant répète «*c'est une poupée*». L'adulte chante ensuite «*la poupée saute*» et l'enfant répète «*la poupée saute*».

«Graduellement et tout en continuant à chanter, l'intervenant présente de nouvelles actions. *La poupée marche, la poupée s'assoit, la poupée dort.* Peu à peu, le musicothérapeute transforme le jeu en éliminant la musique et en posant des questions comme *Qu'est-ce que c'est?* (Une poupée.) ou *Que fait la poupée?* (Elle saute.)

«Un tel apprentissage est facilité par la musique et par la vue d'un objet qui y est associé. Par ailleurs, les mots des chansons ne sont pas nécessairement importants pour l'usage quotidien, mais le simple fait de les agencer représente un grand pas dans l'apprentissage des enfants autistes. De plus, quand un élève oublie les mots qu'il a appris, le musicothérapeute peut les lui rappeler en lui faisant réentendre la chanson[9].

«Presque toutes les expériences de chant risquent d'aider les autistes, si les chansons sont présentées lentement et clairement.

«La musicothérapie permet également à l'autiste de découvrir son corps et l'espace qui l'entoure. Par exemple, certains thérapeutes utilisent des «marches militaires» pour inciter les enfants à marcher en cadence. Ils utilisent ensuite une musique différente et une cadence différente pour éviter que les sujets développent un modèle répétitif. On invite aussi les enfants autistiques à danser: par le fait même, on les incite à faire confiance à l'intervenant, à développer un meilleur contact visuel et une plus grande conscience des contacts physiques. De même,

---

9. STAUM, M.J. *Music Therapy and Language for the Autistic Child.* Salem, Oregon: Center for the Study of Autism, 1997.

en dansant sur des musiques différentes, chacun apprend à se familiariser avec le changement et la synchronisation.

« On a souvent remarqué que les enfants soufrant d'autisme étaient particulièrement sensibles à la musique. Certains ne réagissent qu'à certains sons, mais d'autres ont l'oreille « absolue », une caractéristique qui jouit d'un grand prestige auprès des musiciens.

« Il existe donc plusieurs façons d'utiliser la musique à des fins thérapeutiques auprès des enfants autistes.

« En résumé, plusieurs raisons font de la musique un outil thérapeutique intéressant pour les autistes. La musique :

- captive et retient l'attention ;
- stimule et utilise plusieurs régions du cerveau ;
- structure le temps d'une façon claire et facile à comprendre (« c'est la chanson d'aurevoir, la séance est presque finie ! »)
- fournit un contexte agréable aux répétitions et donne du sens aux préparatifs nécessaires à certains apprentissages ;
- crée un contexte social sûr et structuré pour la communication verbale et non verbale ;
- constitue un aide-mémoire efficace ;
- soutient et encourage le mouvement ;
- facilite l'interaction et favorise l'expression de soi ;
- s'engrave dans la mémoire et les émotions ;
- favorise souvent la progression, puisqu'elle rejoint des personnes de tous les niveaux d'habiletés, tous capables de participer d'une manière ou d'une autre[10]. »

---

10. Texte tiré d'un article paru pour la Société québécoise de l'autisme, 1999 sur www.psychomedia.qc.ca
Reproduit avec autorisation.

■ SIMON

Simon est un petit garçon autiste de 5 ans. Il est suivi en musicothérapie, à raison d'une séance individuelle par semaine, d'une durée de 45 minutes chacune. À l'exception de quelques mots isolés, Simon ne parle pas. Son regard est fuyant. Il aime bien suivre une routine, car il a de la difficulté à s'adapter aux changements et à maintenir son attention. Simon ne cherche pas à communiquer avec autrui, même pas pour exprimer ses besoins. Lorsqu'il est entouré de gens, il devient parfois angoissé et cherche à s'isoler. Il ne socialise pas avec les gens ; au contraire, il aime être seul.

La musicothérapeute, Marie, a fixé des objectifs en regard de la situation de Simon. Elle désire augmenter ses contacts visuels, l'aider à faire des choix et à les exprimer, l'amener à participer de façon constante aux jeux et aux improvisations, à communiquer ses besoins par des gestes ou des mots, et à suivre des consignes simples.

Le premier contact visuel se fait par l'intermédiaire de la cithare que la musicothérapeute lui présente. Simon semble attiré par cet instrument et sa sonorité. Puis, au fil des improvisations musicales et des exercices d'action-réaction, Simon commence à « jouer » avec la thérapeute ; par exemple, quand la musique au tambour s'arrête, on se chatouille ! Tout cela se reflète à la maison. Par exemple, Simon commence à aller plus volontiers vers sa sœur et à jouer avec elle, au lieu de l'ignorer. Il reproduit des jeux similaires à ceux des séances de musicothérapie. De plus, il commence à prendre intérêt à ce qui se passe autour de lui. Il regarde davantage les autres enfants au parc. Quand il les voit rire, Simon sourit au lieu d'afficher un air indifférent ou introverti.

Il a développé au tambour la capacité de jouer et d'arrêter en même temps que la thérapeute ; il reproduit les différentes dynamiques et intensités qu'elle suggère à l'instrument.

Ce qui est le plus frappant chez Simon, c'est ce qui se produit lorsqu'on chante des chansons ; lui qui ne parle pas, il se met à chanter clairement presque toutes les paroles. Marie utilise la musique pour introduire des consignes, qu'il suit sans aucun problème.

Marie travaille aussi avec un groupe de quatre enfants autistes.

■ LOÏC, CATHERINE, WILLIAM ET JULIA

Le groupe est constitué de quatre enfants autistes de 7 à 8 ans.

Loïc fait de l'écholalie, a un regard fuyant et de la difficulté à rester auprès de son groupe. Par exemple, lorsque le groupe est assis en cercle sur des chaises, Loïc recule avec sa chaise pour s'éloigner du groupe. Il en va de même lors des activités. Son engagement dans les activités est donc variable. Lorsqu'on s'adresse à lui, il ne répond pas toujours clairement aux questions posées, à moins de les répéter. Par ailleurs, il a tendance à devenir anxieux et manifeste cela en se mordant, en essayant de frapper son voisin ou en s'éloignant physiquement du groupe.

Catherine ne s'exprime pas verbalement, mais elle gesticule avec ses mains. Elle n'entre pas en contact avec ses compagnons, ni par l'action ni par le regard. Elle semble avoir peu conscience d'autrui. De plus, sa participation aux séances est plutôt faible lors des activités de groupe ; par contre, lorsqu'elle est seule avec la thérapeute, elle s'engage volontiers. Elle semble plus intéressée à interagir quand elle est seule avec un adulte qu'avec les jeunes de son âge. Lors des premières séances, on aurait cru qu'elle ne comprenait pas les consignes, car elle ne participait presque à aucune des activités.

William s'exprime assez bien verbalement. Il fait des phrases complètes, tout en parlant à la première personne ; mais il n'est pas porté à en prendre l'initiative. Par ailleurs, il a de la difficulté à rester avec son groupe et à participer aux activités tout au long de la séance. Il perd intérêt à certains moments. Il a parfois des contacts visuels lorsqu'il s'adresse à quelqu'un, mais c'est un élément qu'il lui faut travailler.

Julia s'exprime verbalement, mais elle ne fait pas de phrases complètes. Elle démontre du plaisir à faire de la musique et interagit volontiers avec ses compagnons (choisir un compagnon, lui donner un instrument et dire : « c'est à ton tour… »). Par contre, elle a de la difficulté à rester attentive lorsque ce n'est pas à son tour de jouer. Elle se met à faire des sons inappropriés et ne participe plus à l'activité. Cependant, Julia regarde en général les personnes à qui elle parle.

Marie, la musicothérapeute, cherche à développer les habiletés sociales des enfants dont elle s'occupe, ainsi que la communication verbale et expressive. Lors des séances de groupe, elle accueille chacun avec une chanson, ce que les enfants semblent apprécier. Par la suite, elle leur présente différentes activités en fonction des objectifs qu'elle s'est donnés : jouer d'un instrument à des moments précis pendant l'exécution d'une chanson.

Cela demande aux enfants une attention particulière ; chacun leur tour, ils doivent improviser sur un tambour, accompagnés à la guitare par la thérapeute qui chante en même temps. Ils s'arrêtent quand la musique est terminée et choisissent la personne à qui ils passeront le tambour. Marie utilise aussi des partitions musicales, faites de pictogrammes d'instruments dessinés sur un carton, ainsi que de la musique préenregistrée. Chaque enfant choisit un instrument et en joue ensuite quand la thérapeute pointe son instrument sur le carton. Marie ajoute une activité de mouvement et de musique pour offrir aux enfants l'occasion de bouger. Avant de leur chanter la chanson *Au revoir*, elle termine la séance en explorant les possibilités sonores d'un nouvel instrument. Chacun essaie l'instrument à son tour et le passe ensuite à son voisin. Parfois, les enfants partagent l'instrument, l'un le tenant et l'autre en jouant ; cela les encourage à créer des liens entre eux.

D'une semaine à l'autre, l'attitude de Loïc varie. Il y a des séances au cours desquelles il résiste à tout contact et à toute interaction. Ses regards sont fuyants et il refuse de répondre clairement aux questions qu'on lui pose. Par contre, à mesure que les semaines passent, il accepte de plus en plus de participer aux séances, à part quelques exceptions. Il essaie toujours de s'éloigner du groupe, mais il le fait de moins en moins souvent et on remarque qu'il n'essaie plus de se sauver quand l'activité l'accroche et que le temps d'attente est moindre. Cela se manifeste surtout quand il a la chance de jouer avec le tambour de mer et le bâton de pluie. Il manifeste un intérêt particulier pour ces deux instruments. Il finit par accepter de tenir la main de ses compagnons tout au long de la danse. Parfois, lorsqu'un enfant lui lâche la main, il prend même l'initiative de la lui reprendre. Par ailleurs, il cherche de plus en plus les contacts visuels avec la thérapeute lors du *bonjour* et de l'*aurevoir*, et il répond davantage aux questions, par exemple *comment ça va?*, contrairement au début des séances où il refusait presque toujours de s'exprimer ou d'avoir des contacts visuels avec les autres.

Catherine, elle, arrive maintenant à dire le mot « aurevoir » de la chanson qui clôture la séance. Elle participe maintenant à une bonne partie de la séance, de façon adéquate et reste avec son groupe. Elle suit les consignes pour certaines activités, elle participe, imite les mouvements de la danse et donne toute seule l'instrument à son voisin, sans que la thérapeute s'en mêle. Son attitude varie d'une semaine à l'autre, mais on dénote tout de même un progrès notable.

William arrive à exprimer ses besoins en employant des phrases complètes et en s'exprimant à la première personne. Il le fait de plus en plus tout seul. En outre, il soutient le contact visuel lorsqu'il s'adresse à la thérapeute. Il accepte maintenant de rester auprès de son groupe tout au long de la séance et de jouer avec ses compagnons.

Julia est de plus en plus attentive. Elle fait encore des sons inappropriés, mais de moins en moins souvent. Elle commence à s'exprimer avec des phrases complètes, en employant le « je ». De plus, elle participe aux activités en suivant les consignes.

Marie suit depuis un certain temps ces enfants qui fréquentent une école spécialisée. Elle tient à travailler en collaboration étroite avec ses collègues de l'école qui connaissent le cheminement de ces petits. C'est là un travail d'équipe essentiel.

Trouble de déficit de l'attention avec ou sans hyperactivité

Certains enfants présentent des troubles de l'attention avec ou sans hyperactivité. Dans leur cas, on voit souvent la musique comme une façon de canaliser leur énergie débordante et de développer leur capacité d'attention.

■ ÉMILE

Émile, 8 ans, souffre d'un déficit de l'attention. Son médecin de famille l'a référé au service de musicothérapie de la clinique externe d'un hôpital pour enfants. Après une première rencontre individuelle, la musicothérapeute décide de l'intégrer à un groupe de quatre enfants qui présentent des difficultés similaires. Ce groupe travaille ensemble depuis cinq mois déjà. Les enfants ont atteint une certain niveau de tolérance à la frustration. Ils sont de plus en plus capables d'attendre leur tour pour jouer ou de demeurer concentrés quand ils jouent d'un instrument. Ce travail se poursuit chaque semaine.

En arrivant dans le groupe, Émile est un peu timide, mais il s'intègre graduellement. Les autres enfants lui servent en quelque sorte de modèle. Il observe leur façon de s'exprimer et d'utiliser la musique. Quant aux enfants qui fréquentent le groupe depuis un certain temps, ils se voient comme des « pros » et se sentent encore plus confiants. Ils désirent montrer leur savoir-faire.

Au début, la musicothérapeute choisit des activités assez brèves, mais à mesure que les enfants maîtrisent les consignes, elle y ajoute de nouveaux éléments pour qu'ils se concentrent de plus en plus.

Elle développe aussi leur capacité de tolérance pour des aspects qu'ils ne maîtrisent pas encore. Par exemple, elle les invite à prolonger une improvisation, à y ajouter un nouveau rythme ou un nouvel instrument, afin de capter leur attention en utilisant leurs forces, c'est-à-dire une grande curiosité, un esprit créatif, une avidité à découvrir. Elle les encourage à faire des choix de chansons, d'instruments, de thèmes d'improvisation. Chaque enfant y trouve son compte. Ils expriment ce qu'ils sont et maîtrisent de mieux en mieux leur comportement.

On privilégie le rythme en favorisant les activités corporelles et le chant. Ainsi, les enfants peuvent exprimer leur trop-plein. Leur attention est soutenue. La thérapeute choisit des musiques ou des thèmes d'improvisation qui s'adaptent au niveau d'énergie des enfants, afin qu'ils s'investissent physiquement dans l'activité. La musique leur procure une structure, un modèle d'organisation interne.

La musicothérapeute utilise des chansons de groupe. Elle choisit au hasard, dans le cercle des enfants, celui ou celle qui lui répondra soit en chantant soit en jouant d'un instrument. L'improvisation vocale est très intéressante pour ces enfants qui aiment faire toutes sortes de sons. Ils tirent beaucoup de plaisir à utiliser des rythmes, des percussions corporelles accompagnées d'onomatopées ou à imiter des langues étrangères, ou encore à créer des « paysages sonores ». Ils peuvent ainsi mettre à profit leur côté enjoué.

À la fin de la séance, plusieurs musicothérapeutes aiment instaurer un rituel qui récompense l'enfant. Un enfant ou tout le groupe décide d'un nouveau couplet à ajouter à la chanson. Ce couplet traite d'un des bons moments de la séance, d'un rêve qu'on a fait, de leur meilleur ami…

Une fois la chanson composée, le groupe décide d'un arrangement musical et du choix d'instruments. L'enfant doit sentir qu'il est « maître » de sa chanson. On peut même monter un petit spectacle. Les enfants deviennent les auteurs et les responsables de la prestation. Le fait de partager avec d'autres ce qu'ils ont créé leur procure un inestimable sentiment de plaisir et d'accomplissement.

Par contre, il faut toujours rester vigilant relativement à l'anxiété que de telles initiatives provoquent chez certains enfants. Cela peut aller à l'encontre des objectifs thérapeutiques de l'activité, car le but premier n'est pas de « faire un spectacle », mais plutôt d'aider l'enfant à gagner de la maîtrise.

La vie en groupe oblige à entrer en relation avec les autres. À ce point de vue, il arrive que les enfants ayant des troubles d'attention éprouvent de la difficulté. Le travail en improvisation et avec les chansons les incite à s'écouter, à laisser la place à l'autre, à partager les instruments.

La musicothérapie représente un médium d'expression créative qui a l'avantage d'être non verbal. Cela convient bien à des enfants ayant des problèmes de comportements et ne trouvant pas d'issue à leur besoin d'agir.

CONSEILS GÉNÉRAUX AUX PARENTS

Soyez attentifs à la musique que vos enfants écoutent, intéressez-vous aux paroles de leurs chansons et faites-le sans porter de jugement, même si vous n'avez pas les mêmes goûts, car tout cela parle d'eux. C'est un excellent moyen de garder la communication ouverte, surtout à l'adolescence.

Si votre enfant est hospitalisé :

- Mettez à sa disposition un appareil audio pour qu'il écoute sa musique.

- Apportez-lui ses disques préférés.

- Si possible, mettez à sa disposition des instruments de musique dont il aime jouer.

- Si vous jouez vous-même d'un instrument de musique ou si vous chantez, profitez de l'occasion pour le faire avec votre enfant ou pour lui interpréter quelque chose.

Si votre enfant fréquente une école spécialisée :

- Encouragez ses efforts d'expression musicale.

- Félicitez-le quand il chante.

- Chantez avec lui.

- S'il démontre de l'intérêt pour la musique, offrez-lui des instruments simples, mais de bonne qualité.

- Créez un milieu riche en stimulations sonores, sans toutefois surstimuler l'enfant.

Les thérapies par les arts

La musicothérapie fait partie de ce qu'on appelle les Thérapies par les arts (*voir l'Annexe 3, en page 159*). En plus de la musicothérapie, celles-ci englobent l'art-thérapie, la thérapie par la danse et le mouvement, et la thérapie par l'art dramatique.

Toutes ces approches ont au moins un point en commun, c'est d'être principalement de nature non verbale. Elles utilisent l'expression créative spontanée. Elles font appel à des activités qui, anciennement, étaient indissociables des rituels, des célébrations et des grands événements publics. On faisait appel à ces activités pour guérir à la fois physiquement, psychologiquement et spirituellement.

Au fil du temps, on a quelque peu perdu contact avec l'aspect thérapeutique des arts et de la créativité, mais peu à peu on y revient aujourd'hui de façon plus officielle sous forme de « pratiques complémentaires ou alternatives ». On retrouve ces pratiques surtout à l'intérieur des réseaux de la santé, de l'éducation et des services sociaux.

Il y a de grands avantages à intégrer les thérapies par les arts dans les soins à donner aux enfants et aux jeunes, car elles font appel à la créativité des gens pour exprimer des zones parfois inexplorées d'eux-mêmes. Cependant, il faut offrir aux enfants des modes d'expression qui les rejoignent. Certains d'entre eux préfèrent le dessin et la couleur plutôt que la musique, l'art dramatique ou le mouvement.

Le musicothérapeute est spécialisé dans l'art d'utiliser la musique en thérapie. Cela n'exclut pas qu'on utilise, à certains moments et en conjonction avec la musique, le mouvement, le dessin, le masque… si cela rejoint davantage l'enfant. Si l'enfant démontre une facilité ou une attirance marquée pour un médium d'expression en particulier, il est opportun de le référer à un spécialiste de ce médium, que soit soit l'art thérapie, la thérapie par la danse ou l'art dramatique. Idéalement, un établissement de soins pour enfants devrait offrir des services dans toutes ces formes de thérapie par les arts, afin de répondre adéquatement aux besoins des enfants. Ces thérapies répondent à leurs élans et coïncident avec leur expression naturelle, qui passe par le jeu et la créativité.

Conclusion

La musique devrait être accessible à tous, spécialement aux enfants et aux adolescents, car ils y trouvent un moyen d'expression et de communication idéal, quelle que soit leur condition physique, intellectuelle, affective et sociale.

La musique, en éducation ou en thérapie, comporte un potentiel de développement inestimable pour l'enfant. Celui-ci y trouve son rythme et sa voix. Tout comme chaque musicien dans un orchestre joue un rôle bien précis afin que l'ensemble sonne bien, l'enfant se fait une place en société grâce à la musique.

Ce livre se veut une introduction au monde de la musique et de la musicothérapie. Il est à espérer qu'il encouragera les parents et les intervenants à offrir aux enfants la chance de vivre la musique sous toutes ses formes afin de favoriser leur développement global.

Annexe 1

▼

Composantes de la musique

Rythme

Le rythme est un élément de base en musique, il est à la source du mouvement et de la pulsation. Le rythme organise les sons dans le temps, il les regroupe pour donner une direction à la musique. Le rythme donne différents styles, par exemple la valse ou la berceuse, deux musiques à trois temps, ou encore la marche militaire, qui est à quatre temps. Les rythmes de danse sont très caractéristiques. Le rythme est souvent très physique, il fait bouger.

Mélodie

La mélodie représente une succession de notes que l'on regroupe en phrases et qui se suivent de façon conjointe ou disjointe. Les notes consécutives d'une mélodie franchissent des intervalles de seconde, de tierce, de quarte, de quinte, de sixte, de septième, d'octave et plus encore. On parle de «lignes mélodiques» et de mouvements ascendants ou descendants. La mélodie transmet souvent le côté émotionnel d'une pièce instrumentale.

Tempo

Le tempo représente la vitesse à laquelle on joue une pièce. Il existe une grande variété de tempi. Dans une partition, on retrouve en général une suggestion de tempo inscrite dans le haut, en italien. Cela va de *largo* à *prestissimo*, en passant par *adagio* ou *allegro*, entre autres, c'est-à-dire de «très lent» à «très rapide». Parfois, on voit aussi imprimée une indication de métronome, avec des chiffres qui représentent le nombre de pulsations à la minute.

Harmonie

L'harmonie est l'étude des intervalles entre des sons superposés, qui forment les accords, et de leurs enchaînements. C'est la science des accords entendus verticalement.

Dynamique

La dynamique se rapporte à l'intensité de la musique et aux variations de nuances recommandées dans le jeu des interprètes. Sur une partition, on indique ces nuances avec des mots italiens, comme *piano* (doux), *pianissimo* (très très doux), *forte* (fort) ou *fortissimo* (très très fort). La plupart du temps, ces recommandations sont abrégées ainsi : *p, pp, pp, pppp, f, ff, fff, ffff*. On utilise les mots *crescendo* et *decrescendo* (croître et décroître) pour suggérer d'augmenter ou de diminuer le volume sonore en passant de *piano* à *forte* (de doux à fort) ou, au contraire, de *forte* à *piano* (de fort à doux), ce qui donne une impression de mouvement.

Registre

Le registre désigne les zones caractéristiques d'une voix qui correspondent à un certain type de sonorité, de timbre ou d'émission. On distingue souvent les registres *grave, médium* et *aigu* d'un instrument ou d'une voix.

Instruments de musique

Les instruments de musique ont tous un timbre différent, une sonorité distincte. On regroupe les instruments de musique en trois grandes familles, qui se divisent elles-mêmes selon le son qu'ils produisent et la façon dont on en joue.

Les cordes: a) violon, alto, violoncelle, contrebasse
                     b) harpe, clavecin, guitare
                     c) piano

Les vents: a) bois: flûte à bec, flûte traversière, piccolo,
                     clarinette, saxophone, hautbois, cor anglais,
                     basson, cornemuse
                     b) cuivres: cor français, trompette, trombone,
                     tuba
                     c) orgue

Les percussions: a) bois: xylophone, blocs chinois, blocs/lames
                     sonores, maracas, claves, guiro…
                     b) métal: métallophone, carillon, cymbale,
                     tambour de basque, triangle, cloches, gong…
                     c) peau: tambour, conga, bongo, djembé…

En plus d'être classés par familles, les instruments de musique d'une même famille sont aussi représentés dans différents registres. Pour certains instruments, il y a la basse, le ténor, le baryton, l'alto, le contre-alto et le soprano. Par exemple, pour le saxophone, les cordes, les instruments à lames Orff (métallophone, xylophone, carillon), on retrouve trois et même quatre registres différents.

En plus des instruments acoustiques, qui produisent un son à partir de matières naturelles (bois, peau d'animal, métal), il y a les instruments électro-acoustiques. Ceux-ci, utilisés judicieusement, offrent énormément de possibilités.

La voix

La voix aussi est un instrument de musique. C'est le plus intime et le plus direct. On dit parfois que, parmi les instruments, c'est le violoncelle qui s'en rapproche le plus. On classe la voix par registres.

Du plus aigu au plus grave :

Voix de femme :   soprano
contralto (alto)

Voix d'homme :   haute-contre
ténor
baryton
basse

Styles, époques

Il est recommandé de se référer à de bons ouvrages pour connaître les mutiples styles qui ont eu cours dans l'histoire, plus spécifiquement en Occident. La musique a été touchée par les mêmes grands événements qui ont marqué les courants dans les autres arts. En musique comme en peinture, en architecture comme en littérature, on a vu s'épanouir les styles baroque, classique, romantique ou impressionniste, bien que cela ne se soit pas toujours passé en même temps dans tous les arts. Dans les époques les plus anciennes, la musique était souvent axée sur le chant avec des instruments rudimentaires à vent, à corde et à percussion. Au XVIIe et au XVIIIe siècle, on distinguait les styles selon les nations : il y avait les styles italien, français et allemand entre autres.

Voici un tableau qui relate les grandes étapes de l'histoire de la musique. Les dates sont approximatives et la liste ne prétend pas présenter tous les compositeurs.

Époque	*Date*	*Compositeur*
Antiquité	Avant le IVe siècle	Anonyme
Moyen-Âge	IVe — XVe siècle	Chant grégorien Musique de troubadours Adam de la Halle Guillaume de Machaut Clément Janequin

Renaissance	XVe — XVIe siècle	Claudio Monteverdi Palestrina Roland de Lassus Giovanni Gabrieli
Baroque	XVIe — XVIIIe siècle	Henry Purcell Jean Sébastien Bach Georg Friedrich Handel Johann Pachelbel Antonio Vivaldi François Couperin Jean-Philippe Rameau
Classicisme	XVIIIe — XIXe siècle	Joseph Haydn Amadeus Mozart Ludwig van Beethoven Franz Schubert
Romantisme	XIXe siècle	Robert Schumann Félix Mendelssohn Frédéric Chopin Giuseppe Verdi Hector Berlioz Johannes Brahms Richard Wagner Gustav Mahler Piotr Illitch Tchaïkovsky Giacomo Puccini Richard Strauss
Impressionnisme	XIXe — XXe siècle	Gabriel Fauré Claude Debussy Maurice Ravel
Moderne - Contemporaine	XXe siècle	Béla Bartok Igor Stravinski

(...)

Sergei Rachmaninoff
Modest Petrovitch Mussorgsky
Arnold Schœnberg
Alban Berg
Anton Webern
Éric Satie
Charles Ives
Darius Milhaud
Edgard Varèse
Francis Poulenc
John Cage
Carl Orff
Samuel Barber
Sir Edward Elgar
Gustav Holst

Le XXe siècle a vu émerger un nombre incalculable de nouveaux styles musicaux. La musique populaire a pris beaucoup de place, la culture de masse a envahi le quotidien, on a découvert les musiques de diverses cultures autrefois inconnues, on a revalorisé les folklores de différents pays, le jazz s'est développé sous toutes sortes de formes et on a exploré les possibilités de l'électro-acoustique… Les compositeurs savants qui ont œuvré dans cette période ont exploré plusieurs avenues et ont créé une grande diversité de styles, contrairement à ce qu'on croit parfois, lorsqu'on ne s'arrête qu'aux découvertes de l'atonalité et du dodécaphonisme.

Discographie[1]

La discographie qui suit ne donne qu'un aperçu très sommaire des compositeurs et de leurs œuvres.

---

1. Pour en savoir davantage, voir J.M. GUIRAUD-CALADEAU, *Musicothérapie : paroles des maux.*

Musique médiévale (XIIIe-XVe siècle) (œuvres surtout vocales)
Adam de la Halle : *Le jeu de Robin et Marion*
Guillaume de Machaut : *La messe à Notre-Dame*
Clément Janequin : *La bataille de Marignan*

Musique de la Renaissance (XVe-XVIe siècle)
Monteverdi : *Orfeo, Combat de Tancrède, Vêpres siciliennes*
Giovanni de Palestrina : *Assumpta est Maria, Stabat Mater*
Roland de Lassus : Motets et Madrigaux
Giovanni Gabrieli : *Sacræ Symphoniæ*

Musique baroque (XVIe-XVIIe siècle)
Purcell : *Didon et Énée, Le Roi Arthur, Te Deum*
Handel : *Water Music, Dixit Dominus*
Vivaldi : *Les quatre saisons, Estro Armonico, Gloria, Concerto en ré, Concerto en si bémol*
J.-S. Bach : *Passion selon Saint-Mathieu, L'art de la fugue, Oratorio de Noël, Concerto Brandebourgeois, Clavier bien tempéré, Concerto pour deux violons, Variations Goldberg*
Gluck : *Orphée, Alceste, Iphigénie en Tauride*
Rameau : *Les Indes galantes, Hippolyte et Aricie*
Corelli : *Concerto Grosso n° 8*
Pachelbel : *Canon en ré*
Pergolesi : *Stabat Mater*

Classicisme (XVIIIe-XIXe siècle)
Haydn : *La Création, Les Saisons, Stabat Mater*
Mozart : *Requiem, Messe en ut majeur, Concerto pour clarinette, La Flûte enchantée, Don Giovanni, Ave Verum, Laudate Dominum*
Beethoven : *Cinquième symphonie, Neuvième symphonie, Missa Solemnis, Sonate Appassionata, Concerto pour violon, Concerto pour piano L'empereur* (n° 5)
Schubert : Lieders

(...)

Romantisme (XIXe siècle)

Berlioz : *Symphonie fantastique, Requiem, La damnation de Faust, Roméo et Juliette, L'enfance du Christ*

Verdi : *Requiem, La force du destin, Le trouvère, Aïda, Rigoletto*

Mendelssohn : *Romances sans paroles* (piano)

Brahms : *Requiem allemand*

Schumann : *Scènes d'enfants* (piano)

Chopin : Valses, Préludes, *Concerto pour piano* n° 1

Mahler : *Kindertotenlieder, Le Chant de la Terre, Deuxième symphonie, Cinquième symphonie*

Wagner : *Lohengrin, Tristan et Isolde, les Maîtres chanteurs de Nuremberg*

Tchaïkovsky : *Roméo et Juliette*

Impressionnisme (XIXe-XXe siècle)

Debussy : *Pelléas et Mélisande, Prélude à l'après-midi d'un faune, La mer, Suite bergamasque, Images*

Fauré : *Pelléas et Mélisande, Requiem, Pavane, Sicilienne, Berceuse, Cantique de Jean Racine*

Ravel : *Boléro, Daphnis et Chloé, Concerto en* sol, *Pavane pour une Infante défunte*

Puccini : *La Tosca, La Bohème, Madame Butterfly*

Moderne /Contemporain (XIXe-XXe siècle)

Stravinski : *Le Sacre du Printemps, l'Oiseau de feu, Petrouchka*

Barber : *Adagio*

Dvořák : *La Symphonie du Nouveau Monde*

Holst : *Les Planètes*

Orff : *Carmina Burana*

Rachmaninov : *Symphonie* n° 2, *Concerto pour piano* n° 2

Mussorgsky : *Les Tableaux d'une Exposition*

Satie : *Gymnopédies*

Disques divers

Pierre Akendengue, du Gabon : *Lambarena : Bach to Africa* (voix et percussion)

Jan Gabarek, de Norvège : *Officium* (chant grégorien et saxophone jazz)

Fortin-Léveillé, duo de guitaristes du Québec : *Tranquilidade*

Alain Lefebvre, pianiste du Québec : *Carnet de notes*

André Gagnon, pianiste du Québec : *Neiges*

Loreena McKennit, artiste canadienne, musique celtique (voix, harpe, accordéon, guitare) : *The Visit*

Césaria Evora, chanteuse du Cap-Vert : *Voz d'Amor*

Mercedes Sosa, chanteuse d'Argentine : *Acustico*

Cirque du Soleil

Formation des musicothérapeutes
Amériques

Au Canada, aux États-Unis ainsi qu'en Amérique du Sud, le musicothérapeute détient une formation de niveau universitaire en musique et en thérapie. La formation comprend des cours de musique (maîtrise d'au moins deux instruments, dont le piano ou la guitare, analyse musicale, formation auditive, histoire de la musique, etc.), des cours de psychologie (psychopathologie, psychologie de la personnalité, psychologie du développement, bio-psycho-sociologie, etc.), des cours sur les approches musicothérapeutiques (improvisation instrumentale et vocale) et des stages en déficience intellectuelle, en gériatrie, en santé mentale et en soins palliatifs.

Les musicothérapeutes peuvent poursuivre des études de maîtrise ou de doctorat pour approfondir leurs connaissances et leurs approches.

Certains musicothérapeutes adjoignent à leur approche une orientation humaniste, psychodynamique, analytique, jungienne, behavioriale, transpersonnelle, ou toute autre orientation reconnue.

En général, les musicothérapeutes sont des musiciens qui ajoutent à leur formation le volet médical, éducationnel ou psychothérapeutique. Pour devenir musicothérapeute au Canada et aux États-Unis, on exige une formation de niveau universitaire en musique. On considère la musique comme étant l'instrument de travail au centre de la thérapie, par conséquent on doit très bien la maîtriser. On utilise principalement la musicothérapie active. Voici la caractéristique principale des musicothérapeutes nord-américains : ce sont de solides musiciens qui arrivent en thérapie avec leur sensibilité artistique et qui mettent l'accent sur la créativité et la partie saine de la personne. On considère la musique comme une co-thérapeute. L'enfant fait partie intégrante du processus, il vit la musique en jouant d'un instrument, en dansant ou en chantant. Les musicothérapeutes doivent approfondir leurs connaissances des problèmes médicaux, sociaux ou éducationnels de la clientèle qu'ils traitent.

Europe

La formation offerte en Europe diffère quelque peu de celle offerte en Amérique du Nord et du Sud. Ainsi, en France, les musicothérapeutes sont d'abord des professionnels de la santé (médecins, psychiatres, psychologues, travailleurs sociaux, infirmières) et de l'éducation (professeurs, orthopédagogues, etc.) qui ajoutent à leur formation le volet musicothérapeutique. Leurs approches sont assez souvent d'orientation psychanalytique et ils utilisent davantage la musicothérapie réceptive, du moins pour certains praticiens. Par contre, il existe quelques centres de formation qui enseignent la musicothérapie active. La formation est conçue pour des professionnels œuvrant déjà dans un milieu de soins ou d'éducation spécialisée. Elle est offerte en formation intensive sur quelques années.

Les musicothérapeutes qui suivent cette formation sont déjà des professionnels de la santé, intégrés dans leur milieu de travail, et c'est là leur force. Ils voient dans la musique une approche qui complète leur formation de base.

On retrouve deux grands courants en Europe tout comme dans les Amériques : la musicothérapie réceptive et la musicothérapie active.

La musicothérapie réceptive consiste à écouter des œuvres musicales et à discuter ensuite des impressions ressenties. En France, la musicothérapie est souvent pratiquée en conjonction avec la sophrologie.

La musicothérapie active s'exprime plutôt par le jeu musical, la rythmique corporelle et l'utilisation d'instruments de percussion.

En Europe, le terme *musicothérapie* évoque des techniques psychomusicales faisant appel à des approches psychothérapeutiques. Cependant, dans les pays francophones d'Europe, la formation n'est pas uniforme. Les exigences de formation théorique et clinique diffèrent d'une école à l'autre, d'un pays à l'autre. On ne retrouve pas, comme au Canada et aux États-Unis, une association qui accrédite tous les musicothérapeutes. Chaque école émet un diplôme qui certifie la formation. L'exigence première n'étant pas une formation de niveau universitaire en musique, le niveau musical des thérapeutes varie d'un musicothérapeute à l'autre.

En Allemagne et en Angleterre, on trouve des Centres de musicothérapie qui existent également aux États-Unis, en particulier à New York, comme le *Centre Nordoff & Robbins*, où l'on utilise l'improvisation thérapeutique surtout avec des enfants ayant une déficience intellectuelle et physique. Cependant, ce n'est qu'en Angleterre que la profession de thérapeute par les arts est reconnue officiellement.

Il existe aussi plusieurs autres programmes de formation dans le monde, par exemple au Japon, en Australie, en Argentine et au Brésil, qui s'inspirent d'approches américaines et européennes.

Idéalement, les musicothérapeutes seraient des thérapeutes et des musiciens accomplis qui poursuivraient des études en musicothérapie pour relier sciences médicales, psychologie et éducation à l'art musical.

Annexe 3

▼

La thérapie par les arts
L'art-thérapie

L'Association des art-thérapeutes du Québec[1] définit l'art-thérapie comme une approche thérapeutique fondée sur des principes de psychologie et d'arts visuels. L'art-thérapie propose une expérience créatrice, ludique et visuelle, et constitue une expression de soi non verbale et symbolique. L'art-thérapie se déroule dans le cadre d'une relation thérapeutique où la création d'images est utilisée comme moyen de communication première. L'activité artistique concrétise une expression consciente et inconsciente, et elle est en soi un agent thérapeutique. Avec divers procédés artistiques (dessin, collage, peinture, sculpture), le patient vit et exprime des émotions ou évoque des conflits et des souvenirs. Lors des séances, le patient explore verbalement, avec l'art-thérapeute, son symbolisme personnel et la signification de sa propre imagerie.

L'art-thérapie s'adresse autant aux gens seuls (enfants et adultes) qu'aux couples, aux familles et aux groupes. L'art-thérapie rejoint toute personne intéressée à utiliser la création d'images dans un contexte thérapeutique afin d'accéder à une meilleure connaissance de soi ou à un mieux-être psychologique. L'équilibre psychique et l'amélioration des relations interpersonnelles font également partie des objectifs thérapeutiques des gens qui consultent un art-thérapeute. Cette approche favorise

---

1. ASSOCIATION DES ART-THÉRAPEUTES DU QUÉBEC INC. (AATQ) http://aatq.iquebec.com

l'introspection et les prises de conscience ainsi que la reconnaissance des problèmes et des conflits existants.

L'art-thérapeute accompagne la personne tout au long de la rencontre thérapeutique : il facilite les séances de création, il commente et, parfois, interprète les réflexions verbales ou visuelles. L'art-thérapeute fait une évaluation et planifie une approche thérapeutique selon l'individu. Le cas échéant, il collabore et s'entretient avec d'autres intervenants (psychiatre, psychologue, enseignant, travailleur social) ou avec la famille et propose des plans de traitement. On peut consulter un art-thérapeute pour entreprendre une thérapie brève ou à long terme.

L'art-thérapeute a une formation universitaire de deuxième cycle qui comprend des cours en art, en psychologie, en dynamique de groupe, en déontologie. La certification est obtenue après un stage clinique supervisé.

La thérapie par la danse et le mouvement[2]

« La thérapie par la danse et le mouvement se définit comme l'utilisation thérapeutique du mouvement dans le but de favoriser l'intégration des aspects physiques et affectifs de l'être, et cela en travaillant à l'harmonisation des plans corporel, mental et spirituel. On peut l'utiliser comme complément aux traitements médicaux ou à la psychothérapie, ou encore comme thérapie principale, dans le cadre d'une démarche de croissance, de mieux-être et de développement de la créativité. La thérapie par la danse et le mouvement est l'une des formes de thérapies par les arts (qui comprennent aussi les thérapies par la musique, les arts visuels et le théâtre). Elle peut faire appel à d'autres disciplines artistiques et prendre la forme de séances individuelles ou de groupe. La thérapie par la danse et le mouvement déve-

---

2. Texte reproduit avec l'autorisation de Joanabbey Sack.

loppe le mieux-être de la personne en l'amenant à découvrir et à anticiper ses forces personnelles, en introduisant un sentiment de plénitude et en remplaçant le morcellement par la cohérence. Les outils de la thérapie par la danse et le mouvement sont à la portée de tous et leurs effets sont immédiats.

Les outils de la thérapie par la danse et le mouvement

« Les mots qui composent l'expression « thérapie par la danse et le mouvement » peuvent prendre plus ou moins d'importance, selon la situation à laquelle la personne fait face. La danse, par exemple, est l'un des outils utilisés dans le cadre de cette approche, mais ce n'est pas le seul. Il s'agit ici de la danse au sens large, de la danse telle qu'elle était conçue à ses origines, c'est-à-dire comme moyen de communication et comme remède. La thérapie par l'art et le mouvement fait appel aux éléments qui constituent l'essence même de la danse, c'est-à-dire le plaisir, l'expression et les composantes universelles du geste et de l'expression non verbale. Les danse-thérapeutes accumulent d'abord un grand bagage d'expérience au cours d'une formation ou d'un cheminement dans une ou plusieurs disciplines reliées au mouvement (yoga, taï-chi, théâtre, analyse du mouvement selon Laban, dynamique du mouvement et *Body/Mind Centering*). Ils poursuivent alors des études de deuxième cycle et suivent une formation qui comprend l'étude de l'anatomie, de la kinésithérapie, de la physiologie, de la relaxation et de diverses écoles de psychologie. Ensuite, ils effectuent un stage prolongé dans un environnement thérapeutique, une maison d'enseignement ou une clinique.

« Le danse-thérapeute utilise le mouvement comme premier élément d'observation, de correction et de consolidation en tenant compte des concepts de perception et de fonction physique et émotive. De plus, le traitement tient compte de l'évolution de la personne dans les différents stades de son développement.

«Voici quelques-uns des principes sur lesquels se fonde la thérapie par la danse et le mouvement:

- le mouvement reflète la personnalité et les états affectifs par l'action, l'interaction et la réaction;

- l'expérience du mouvement naturel et normal a un effet sur les mouvements anormaux;

- les changements qui surviennent dans le mouvement influencent le comportement global d'une personne par l'image qu'elle se fait d'elle-même, par son schéma corporel, la libération de son énergie et la réduction de son morcellement, ainsi que par l'intégration de la gestuelle et de la sensibilité.

«Les gens se demandent souvent s'ils devront nécessairement danser dans le cadre d'une thérapie par la danse et le mouvement. La réponse est non, mais une personne peut choisir de recourir à la danse lors d'une séance individuelle ou de groupe pour explorer ou exprimer des sentiments, des souvenirs, des expériences ou pour accéder au potentiel de plaisir que recèle le mouvement. On utilise souvent la musique pour faciliter, accompagner, inspirer ou refléter le mouvement. Dans une séance de groupe, le rythme du mouvement peut s'inspirer de la musique, du battement des mains, du son des pieds frappant le sol ou de différents instruments de percussion.

«Guidée et appuyée par le danse-thérapeute, la personne utilise divers thèmes pour travailler sur le plan de la fonction ou sur celui de l'expression. Par exemple, par le biais du mouvement, on peut explorer la posture raide et les tensions extrêmes qui accompagnent habituellement l'anxiété. Le mouvement peut aussi servir à exploiter les composantes physiques de l'espoir et de la découverte. Voici quelques thèmes parmi lesquels on choisit souvent: l'écoute de soi, comment être en contact avec ses besoins et ses réactions du moment, comment être attentif à son rythme personnel et comment transposer cette nouvelle conscience dans la vie de tous les jours. La personne peut vivre et répéter ces expériences dans le cadre rassurant d'une séance thérapeutique, ce qui la prépare à intégrer à sa vie quotidienne de nouvelles approches et de nouveaux comportements. »

La thérapie par l'art dramatique

La *National Association for Drama Therapy* (NADT)[3] définit cette thérapie comme « l'utilisation intentionnelle et systématique du processus, des résultats et des associations reliés à l'art dramatique en vue d'atteindre des objectifs thérapeutiques de soulagement de symptômes, d'intégration physique et émotionnelle, ainsi que de croissance personnelle ». La thérapie par l'art dramatique est une approche active qui aide le patient à raconter son histoire afin de résoudre un problème, d'arriver à une catharsis, d'approfondir et d'élargir son expérience personnelle, de comprendre la signification d'images qui l'habitent ou de renforcer sa capacité de jouer des rôles tout en devenant plus flexible.

La thérapie par l'art dramatique a évolué à partir d'expériences et de recherches de la part de psychothérapeutes, de professeurs et de professionnels du théâtre qui se sont rendus compte que les thérapies verbales traditionnelles étaient parfois trop rigides pour permettre aux clients de régler leurs conflits. L'équilibre des composantes verbales et non verbales de la thérapie par l'art dramatique, avec son langage métaphorique, permet aux patients d'évoluer dans une alliance thérapeutique.

Le thérapeute par l'art dramatique détient un diplôme de maîtrise, qui comprend des études en théâtre, en psychologie et en psychothérapie. La formation comprend l'improvisation, le

---

3. National Association for Drama Therapy (NATD)
www.nadt.org
Traduction libre de l'auteur.

travail avec les marionnettes, les jeux de rôle, la pantomime, le travail avec les masques et la production théâtrale. La formation en psychologie et en psychothérapie comprend les théories de la personnalité, les processus de groupe, l'expérience clinique supervisée avec une clientèle variée. On obtient la certification professionnelle, lors de la formation, après avoir effectué un internat supervisé.

Les objectifs sont déterminés selon les besoins de chaque clientèle. Diminuer le sentiment d'isolement, développer de nouveaux mécanismes d'adaptation, élargir le répertoire d'expression des émotions, expérimenter des interactions positives et développer de nouvelles relations interpersonnelles, voilà quelques-uns des bienfaits de cette approche.

Les intervenants en thérapie par l'art dramatique travaillent dans des services de santé et se préoccupent des besoins des gens, depuis les plus jeunes jusqu'aux plus âgés, de manière dynamique et efficace. On peut utiliser les ressources de ce type de thérapie dans l'évaluation et le traitement des personnes, des couples, des familles et des groupes. Le thérapeute peut être l'intervenant principal ou associé dans une équipe multidisciplinaire, selon les besoins de l'établissement et de la personne. Cette approche est profondément enracinée dans la croyance du pouvoir de guérison de l'art dramatique.

Le psychodrame est aussi une approche qu'utilisent les thérapeutes par l'art dramatique, quand ils ont une formation spécifique.

ANNEXE 4

▼

Tableau des décibels[1]

Intensité en décibels	Exemples	Effets possibles
20	Bruissement de feuillages Conversation polie	Calme
50	Voix humaine	Sensation de gêne
70	Théâtre, route tranquille, téléviseur, téléphone, radio	
90	Petite voiture, tracteur, circulation moyenne	Danger de surdité temporaire
100	Train, orchestre symphonique, circulation urbaine intense	
110	Sirène, moto, fonderie, métro	
120	Marteau-piqueur, musique pop, cloches, voitures de course	
150	Avion à réaction	Graves troubles de l'ouïe
180	Atelier de fonderie	Graves troubles de l'ouïe

---

1. BUSTARRET, A.H. *L'enfant et les moyens d'expression sonore.* 3ᵉ éd. Paris : Éditions ouvrières Dessain et Tolra, 1985. 163 p.

Références bibliographiques

▼

ALVIN, J. *Music Therapy.* London: Hutchinson, 1975. 181 p.

ALVIN, J. *Music Therapy for the Autistic Child.* 2nd ed. Oxford: Oxford University Press, 1992. 152 p.

AUGER, E. *La musicothérapie, approche globale dans le traitement des traumatismes crâniens.* [Mémoire de Certificat d'aptitudes aux techniques psycho-musicales et à la musicothérapie]. Paris: Centre international de musicothérapie de Paris, 1995.

BACHMAN, M-L. *La rythmique Jaques Dalcroze: une éducation par la musique et pour la musique.* Neuchâtel, Suisse: À la Baconnière, 1984.

BARGIEL, M. « Berceuses et chansonnettes: considérations théoriques pour une intervention musicothérapeutique précoce de l'attachement par le chant parental auprès de nourrissons au développement à risques ». *Revue canadienne de musicothérapie* 2002 9 (1): 30-49.

BARGIEL, M. « Prélude à la neuropsychologie de la musique et de l'émotion ». *Revue canadienne de musicothérapie* 2000 7 (1): 10-18.

BARGIEL, M., N. DELISLE, L. LABBÉ et M. L'ESPÉRANCE. *Profession: musicothérapeute.* Montréal: Association québécoise de musicothérapie, 2002. 7 p. (www.musicotherapieaqm.net/pages/profession.htm)

BARGIEL, M. et L. LABBÉ. « L'enfant dysphasique et la musicothérapie ». *L'Onde: bulletin de l'Association québécoise de musicothérapie* 2003 8 (2): 8-10.

BENENZON, R. *Manuel de musicothérapie.* Toulouse: Privat, 1981. 253 p.

BÉREL, E. *Éveil au monde sonore: rythme, poésie, musique.* Éditions J.M. Fuzeau, 1981.

BIRKENSHAW, L. *Apprenons par la musique: guide pour les enseignants du primaire.* Toronto: Holt, Rinehart and Winston, 1977. 287 p.

BOISVERT, S. et L. LABBÉ. *La musicothérapie en milieu scolaire québécois.* Rapport présenté à l'Association québécoise de musicothérapie, 2000. 32 p.

BOXILL, E.H. *Music Therapy for the Developmentally Disabled.* New York : Aspen Press, 1984.

BOYSSON-BARDIES, B. de. *Comment la parole vient aux enfants.* Paris : Odile Jacob, 1996.

BUSTARRET, A.H. *L'enfant et les moyens d'expression sonore.* 3ᵉ éd. Paris : Éditions ouvrières Dessain et Tolra, 1985. 163 p.

CAMPBELL, D. *L'effet Mozart sur les enfants.* Montréal : Le Jour, éditeur, 2001. 347 p.

CYRULNIK, B. *Les nourritures affectives.* Paris : Odile Jacob, 2000. 252 p.

DESPINS, J.P. « Art musical et neuropsychologie » *Revue P.R.I.S.M.E* 1991 2 (2).: 246-259.

DESPINS, J.P. *Le cerveau et la musique.* Paris : C. Bourgeois, 1986. 142 p. (Collection Musique, passé, présent).

DESPINS, J.P. *Musique et neurosciences.* [Cours MUS 3800]. Montréal : Université du Québec à Montréal (UQAM), 2003.

DESPINS, J.P. *Musique et neurosciences. Neuropédagogie.* [Cours MUS 3800]. Montréal : Université du Québec à Montréal (UQAM), 2002.

GUIRAUD-CALADOU, J.M. *Musicothérapie : paroles des maux.* Luynes : Van de Velde, 1983. 206 p.

HERMAN, F. et F.C. SMITH. *Accentuate the Positive! Expressive Arts for Children with Disabilities.* Toronto : Jimani Publications, 1988.

HODGES, D. A. *Handbook of Music Psychology.* Lawrence, Kansas : National Association for Music Therapy, 1980. 431 p.

HUMBERT, N. *Les soins palliatifs pédiatriques.* Montréal : Éditions de l'Hôpital Sainte-Justine, 2004. 656 p.

JAQUES-DALCROZE, E. *Le rythme, la musique, l'éducation.* Lausanne : Éditions Foetisch, 1965. 178 p.

Jacquemot, F. « Musique et perspectives de soins ». *SESAME* Juin 1990 No. 95.

JUSTIN, P.N. et J.A. SLOBODA. (Eds.) *Music and Emotion : Theory and Research* . New York : Oxford University Press, 2001. 487 p.

KENNY, C. *L'Artère mythique : la magie de la musicothérapie. (The Mythic Artery : The Magic of Music Therapy.* Ridgeview Publishing Company). Montréal : Association québécoise de musicothérapie, 1982. 148 p.

KENNY, C. *Le champ du jeu : un guide pour la théorie et la pratique de la musicothérapie. (The Field of Play : A Guide for the Theory and Practice of Music Therapy.* Ridgeview Publishing Company) Montréal : Association québécoise de musicothérapie, 1989.

KEYES, L.E. *Toning : The Creative Power of the Voice.* Marina Del Rey, California : Devorss & Co. Publishers, 1973.

LABBÉ, L. *Élaboration et validation des objectifs d'un programme scolaire en musicothérapie.* Rapport de Diplôme de 2e cycle d'intégration de la recherche à la pratique éducative (DIRPÉ). 1996.

LEDUC, N. « Quand la parole ne suffit plus : la musicothérapie auprès des enfants atteints de cancer ». *Frontières* 1993 6 (1) : 60-61.

LOEWY, J.V. *Music Therapy and Pediatric Pain.* New Jersey : Jeffrey Books, 1997. 156 p.

LOPEZ, S. et P. FAIRWEATHER. « L'impact des berceuses et des comptines sur l'enfant ». *Revue P.R.I.S.M.E.* 1991 2 (2) : 185-199.

MASSIN, B. *La petite encyclopédie de la musique.* Paris : Réunion des musées nationaux, 1997. 287 p.

MASSIN, B. et J. MASSIN. *Histoire de la musique occidentale.* Paris : Fayard, 1987. 1314 p.

MERCIER, A.M. « Le développement psycho-musical de l'enfant et ses applications cliniques ». *Revue P.R.I.S.M.E.* 1991 2 (2) : 236-259.

NOCKER-RIBAUPIERRE, M. *Music Therapy for Premature and Newborn Infants.* Gilsum, New Hampshire : Barcelona Publishers, 2004. 226 p.

NORDOFF, P. et C. ROBBINS. *Creative Music Therapy.* New York : John Day Co., 1977. 252 p.

ORFF, G. *Concepts-clé dans la Musicothérapie Orff.* Paris : Alphonse Leduc, 1990. 95 p.

OSTWALD, P.F. « Music and Emotional Development in Children » in : WILSON, F.R. et F.L. ROCHMANN. *Music and Child Development : The Biology of Music Making.* Denver, Colorado : McNaughton & Gunn, 1990 : 11-27.

PERETZ, I., M. BABAÎ, I. LUSSIER, S. HÉBERT et L. GAGNON. « Corpus d'extraits musicaux : indices relatifs à la familiarité, à l'âge d'acquisition et aux évocations verbales ». *Revue canadienne de psychologie expérimentale* 1995 49 (2) : 211-238.

SACK, J. *Documents sur la thérapie par la danse et le mouvement.* Montréal : Université Concordia, 2004.

SCHAFER, R.M. *Le paysage sonore.* Paris : J.C. Lattès, 1991. 388 p.

SCHELL, R. et E. HALL. *Psychologie génétique : le développement humain.* Montréal : Éditions du renouveau pédagogique, 1980. 485 p.

STAUM, M.J. *Music Therapy and Language for the Autistic Child.* Salem, Oregon : Center for the Study of Autism, 1997.

STORMS, G. *100 jeux musicaux : activités pratiques à l'école.* Paris : E. Hachette / van de Valde, 1984. 96 p.

TAYLOR, D.B. *Biomedical Foundations of Music as Therapy.* St-Louis : MMB Music Inc., 1997. 137 p.

VAILLANCOURT, G. « La musicothérapie aux temps des Grecs ». *Interventions sonores* 1991 1 (1).

Wigram, T. et J. De BACKER. *Clinical Applications of Music Therapy in Developmental Disability, Paediatrics and Neurology.* Philadelphia: J. Kingsley Publishers, 1999. 312 p.

WILFRID LAURIER UNIVERSITY, FACULTY OF MUSIC. *16 dépliants d'information reliée à des clientèles diverses.* Waterloo, Ontario: Wilfrid Laurier University, Faculty of Music, 1991.

WILSON, F.R. et F.L. ROEHMANN. *Music and Child Development: the Biology of Music Making.* St-Louis: MMB Music Inc., 1990.

YALOM, I.D. *The Theory and Practice of Group Psychotherapy.* 3rd ed. New York: Basic Books, 1985.

RESSOURCES

▼

Sites Internet
Canada

Association de musicothérapie du Canada (AMC)
www.musictherapy.ca

Association québécoise de musicothérapie (AQM)
www.musicotherapieaqm.net

Association des art-thérapeutes du Québec (AATQ)
http://aatq.iquebec.com

Bibliothèque et Archives nationales du Canada (enregistrements, musique, livres, partitions…)
www.nlc-bnc.ca/7/2/index-f.html

École secondaire Joseph-Charbonneau, Montréal
www.csdm.qc.cq/musicotherapie/accueil.html

Fondation de musicothérapie du Canada
www.musictherapytrust.com

La Scena Musicale (revue mensuelle gratuite)
www.scena.org

Université de Montréal - Laboratoire de neuropsychologie de la musique et de la cognition auditive (LNMCA)
www.fas.umontreal.ca/psy/GRPLABS/lnmcg/website/index.html

France

Fédération française de musicothérapie
www.la-forge-formation.com.fr

Centre international de musicothérapie
www.secim.fr

États-Unis

American Music Therapy Association
www.musictherapy.org

Autism and Music Therapy
http://peabody.vanderbilt.edu/index.html

National Association for Drama Therapy (NATD)
www.nadt.org

New York University — Nordoff-Robbins Center for Music Therapy
www.nyu.edu/education/music/nrobbins

University of Wisonsin-Eau-Claire — Music Therapy Research/
Resources
www.uwec.edu/ph/mt/research.htm

International

Voices: a World Forum for Music Therapy
www.voices.no

World Federation of Music Therapy
www.musictherapyworld.net/modules/wfmt/index.htm

Suggestions de livres pour les parents

CLOUTIER, Denise. *La musique à la portée de tous: animation musicale auprès des personnes ayant des limitations fonctionnelles.* Montréal: Ville de Montréal, 1998.

LABERGE, Jocelyne. *J'apprends la musique et ça m'amuse.* Saint-Lambert : Éditions Héritage, 1984.

MALENFANT, Nicole. *L'éveil du bébé aux sons et à la musique.* Québec : Presses de l'Université Laval, 2004.

NEIL, Ardley. *Les instruments de musique.* Collection Les yeux de la découverte. Paris : Gallimard, 2002.

La Collection de l'Hôpital Sainte-Justine
pour les parents

Ados: mode d'emploi

Michel Delagrave

Devant le désir croissant d'indépendance de l'adolescent et face à ses choix, les parents développent facilement un sentiment d'impuissance. Dans un style simple et direct, l'auteur leur donne diverses pistes de réflexion et d'action.

ISBN 2-89619-016-3   2005/176 p.

Aide-moi à te parler!
La communication parent-enfant

Gilles Julien

L'importance de la communication parent-enfant, ses impacts, sa force, sa nécessité. Des histoires vécues sur la responsabilité fondamentale de l'adulte : l'écoute, le respect et l'amour des enfants.

ISBN 2-922770-96-6   2004/144 p.

Aider à prévenir le suicide chez les jeunes
Un livre pour les parents

Michèle Lambin

Reconnaître les indices symptomatiques, comprendre ce qui se passe et contribuer efficacement à la prévention du suicide chez les jeunes.

ISBN 2-922770-71-0   2004/272 p.

L'allaitement maternel

Comité pour la promotion
de l'allaitement maternel de l'Hôpital Sainte-Justine

Le lait maternel est le meilleur aliment pour le bébé. Tous les conseils pratiques pour faire de l'allaitement une expérience réussie! (2e édition)

ISBN 2-922770-57-5   2002/104 p.

Apprivoiser l'hyperactivité et le déficit de l'attention

Colette Sauvé

Une gamme de moyens d'action dynamiques pour aider l'enfant hyperactif à s'épanouir dans sa famille et à l'école.

ISBN 2-921858-86-X 2000/96 p.

Au-delà de la déficience physique ou intellectuelle
Un enfant à decouvrir

Francine Ferland

Comment ne pas laisser la déficience prendre toute la place dans la vie familiale ? Comment favoriser le développement de cet enfant et découvrir le plaisir avec lui ?

ISBN 2-922770-09-5 2001/232 p.

Au fil des jours... après l'accouchement

L'équipe de périnatalité de l'Hôpital Sainte-Justine

Un guide précieux pour répondre aux questions pratiques de la nouvelle accouchée et de sa famille durant les premiers mois suivant l'arrivée de bébé.

ISBN 2-922770-18-4 2001/96 p.

Au retour de l'école...
La place des parents dans l'apprentissage scolaire

Marie-Claude Béliveau

Une panoplie de moyens pour aider l'enfant à développer des stratégies d'apprentissage efficaces et à entretenir sa motivation. (2e édition)

ISBN 2-922770-80-X 2004/280 p.

Comprendre et guider le jeune enfant
À la maison, à la garderie

Sylvie Bourcier

Des chroniques pleines de sensibilité sur les hauts et les bas des premiers pas du petit vers le monde extérieur.

ISBN 2-922770-85-0 2004/168 p.

De la tétée à la cuillère
Bien nourrir mon enfant de 0 à 1 an

Linda Benabdesselam et autres

Tous les grands principes qui doivent guider l'alimentation du bébé, présentés par une équipe de diététistes expérimentées.

ISBN 2-922770-86-9   2004/144 p.

Le développement de l'enfant au quotidien
Du berceau à l'école primaire

Francine Ferland

Un guide précieux cernant toutes les sphères du développement de l'enfant : motricité, langage, perception, cognition, aspects affectifs et sociaux, routines quotidiennes, etc.

ISBN 2-89619-002-3   2004/248 p.

Le diabète chez l'enfant et l'adolescent

Louis Geoffroy, Monique Gonthier et les autres membres de l'équipe de la Clinique du diabète de l'Hôpital Sainte-Justine

Un ouvrage qui fait la somme des connaissances sur le diabète de type 1, autant du point de vue du traitement médical que du point de vue psychosocial.

ISBN 2-922770-47-8   2003/368 p.

Drogues et adolescence
Réponses aux questions des parents

Étienne Gaudet

Sous forme de questions-réponses, connaître les différentes drogues et les indices de consommation, et avoir des pistes pour intervenir.

ISBN 2-922770-45-1   2002/128 p.

En forme après bébé
Exercices et conseils

Chantale Dumoulin

Des exercices et des conseils judicieux pour aider la nouvelle maman à renforcer ses muscles et à retrouver une bonne posture.

ISBN 2-921858-79-7   2000/128 p.

En forme en attendant bébé
Exercices et conseils

Chantale Dumoulin

Des exercices et des conseils pratiques pour garder votre forme pendant la grossesse et pour vous préparer à la période postnatale.

ISBN 2-921858-97-5   2001/112 p.

L'enfant adopté dans le monde
(en quinze chapitres et demi)

Jean-François Chicoine, Patricia Germain et Johanne Lemieux

Un ouvrage complet traitant des multiples aspects de ce vaste sujet: l'abandon, le processus d'adoption, les particularités ethniques, le bilan de santé, les troubles de développement, l'adaptation, l'identité...

ISBN 2-922770-56-7   2003/480 p.

L'enfant malade
Répercussions et espoirs

Johanne Boivin, Sylvain Palardy et Geneviève Tellier

Des témoignages et des pistes de réflexion pour mettre du baume sur cette cicatrice intérieure laissée en nous par la maladie de l'enfant.

ISBN 2-921858-96-7   2000/96 p.

L'estime de soi des adolescents

Germain Duclos, Danielle Laporte et Jacques Ross

Comment faire vivre un sentiment de confiance à son adolescent? Comment l'aider à se connaître? Comment le guider dans la découverte de stratégies menant au succès?

ISBN 2-922770-42-7   2002/96 p.

L'estime de soi des 6 - 12 ans

Danielle Laporte et Lise Sévigny

Une démarche simple pour apprendre à connaître son enfant et reconnaître ses forces et ses qualités, l'aider à s'intégrer et lui faire vivre des succès.

ISBN 2-922770-44-3   2002/112 p.

L'estime de soi, un passeport pour la vie

Germain Duclos

Pour développer des attitudes éducatives positives qui aideront l'enfant à acquérir une meilleure connaissance de sa valeur personnelle. (2ᵉ édition)
ISBN 2-922770-87-7   2004/248 p.

Et si on jouait?
Le jeu durant l'enfance et pour toute la vie

Francine Ferland

Les différents aspects du jeu présentés aux parents et aux intervenants: information détaillée, nombreuses suggestions de matériel et d'activités.
ISBN 2-89619-35-X   2005/208 p. (2ᵉ édition)

Être parent, une affaire de cœur

Danielle Laporte

Des textes pleins de sensibilité, qui invitent chaque parent à découvrir son enfant et à le soutenir dans son développement. Une série de portraits saisissants: l'enfant timide, agressif, solitaire, fugueur, déprimé, etc. (2ᵉ édition)
ISBN 2-89619-021-X   2005/280 p.

Famille, qu'apportes-tu à l'enfant?

Michel Lemay

Une réflexion approfondie sur les fonctions de chaque protagoniste de la famille, père, mère, enfant... et les différentes situations familiales.
ISBN 2-922770-11-7   2001/216 p.

La famille recomposée
Une famille composée sur un air différent

Marie-Christine Saint-Jacques et Claudine Parent

Comment vivre ce grand défi? Le point de vue des adultes (parents, beaux-parents, conjoints) et des enfants impliqués dans cette nouvelle union.
ISBN 2-922770-33-8   2002/144 p.

Favoriser l'estime de soi des 0 - 6 ans

Danielle Laporte

Comment amener le tout-petit à se sentir en sécurité ? Comment l'aider à développer son identité ? Comment le guider pour qu'il connaisse des réussites ?

ISBN 2-922770-43-5   2002/112 p.

Grands-parents aujourd'hui
Plaisirs et pièges

Francine Ferland

Les caractéristiques des grands-parents du 21e siècle, leur influence, les pièges qui les guettent, les moyens de les éviter, mais surtout les occasions de plaisirs qu'ils peuvent multiplier avec leurs petits-enfants.

ISBN 2-922770-60-5   2003/152 p.

Guider mon enfant dans sa vie scolaire

Germain Duclos

Des réponses aux questions les plus importantes et les plus fréquentes que les parents posent à propos de la vie scolaire de leur enfant.

ISBN 2-922770-21-4   2001/248 p.

J'ai mal à l'école
Troubles affectifs et difficultés scolaires

Marie-Claude Béliveau

Cet ouvrage illustre des problématiques scolaires liées à l'affectivité de l'enfant. Il propose aux parents des pistes pour aider leur enfant à mieux vivre l'école.

ISBN 2-922770-46-X   2002/168 p.

Les maladies neuromusculaires chez l'enfant et l'adolescent

Sous la direction de Michel Vanasse, Hélène Paré,

Yves Brousseau et Sylvie D'Arcy

Les informations médicales de pointe et les différentes approches de réadaptation propres à chacune des maladies neuromusculaires.

ISBN 2-922770-88-5   2004/376 p.

Le nouveau Guide Info-Parents
Livres, organismes d'aide, sites Internet

Michèle Gagnon, Louise Jolin et Louis-Luc Lecompte

Voici, en un seul volume, une nouvelle édition revue et augmentée des trois *Guides Info-Parents* : 200 sujets annotés.

ISBN 2-922770-70-2   2003/464 p.

Parents d'ados
De la tolérance nécessaire à la nécessité d'intervenir

Céline Boisvert

Pour aider les parents à départager le comportement normal du pathologique et les orienter vers les meilleures stratégies.

ISBN 2-922770-69-9   2003/216 p.

Les parents se séparent...
Pour mieux vivre la crise et aider son enfant

Richard Cloutier, Lorraine Filion et Harry Timmermans

Pour aider les parents en voie de rupture ou déjà séparés à garder espoir et mettre le cap sur la recherche de solutions.

ISBN 2-922770-12-5   2001/164 p.

Santé mentale et psychiatrie pour enfants
Des professionnels se présentent

Bernadette Côté et autres

Pour mieux comprendre ce que font les différents professionnels qui travaillent dans le domaine de la santé mentale et de la pédopsychiatrie : leurs rôles spécifiques, leurs modes d'évaluation et d'intervention, leurs approches, etc.

ISBN 2-89619-022-8   2005/128 p.

La scoliose
Se préparer à la chirurgie

Julie Joncas et collaborateurs

Dans un style simple et clair, voici réunis tous les renseignements utiles sur la scoliose et les différentes étapes de la chirurgie correctrice.

ISBN 2-921858-85-1   2000/96 p.

Le séjour de mon enfant à l'hôpital

Isabelle Amyot, Anne-Claude Bernard-Bonnin, Isabelle Papineau

Comment faire de l'hospitalisation de l'enfant une expérience positive et familiariser les parents avec les différences facettes que comporte cette expérience.

ISBN 2-922770-84-2   2004/120 p.

Tempête dans la famille
Les enfants et la violence conjugale

Isabelle Côté, Louis-François Dallaire et Jean-François Vézina

Comment reconnaître une situation où un enfant vit dans un contexte de violence conjugale ? De quelle manière l'enfant qui y est exposé réagit-il ? Quelles ressources peuvent venir en aide à cet enfant et à sa famille ?

ISBN 2-89619-008-2   2004/144 p.

Les troubles anxieux expliqués aux parents

Chantal Baron

Quelles sont les causes de ces maladies et que faire pour aider ceux qui en souffrent ? Comment les déceler et réagir le plus tôt possible ?

ISBN 2-922770-25-7   2001/88 p.

Les troubles d'apprentissage : comprendre et intervenir

Denise Destrempes-Marquez et Louise Lafleur

Un guide qui fournira aux parents des moyens concrets et réalistes pour mieux jouer leur rôle auprès de l'enfant ayant des difficultés d'apprentissage.

ISBN 2-921858-66-5   1999/128 p.

Votre enfant et les médicaments : informations et conseils

Catherine Dehaut, Annie Lavoie, Denis Lebel,
Hélène Roy et Roxane Therrien

Un guide précieux pour informer et conseiller les parents sur l'utilisation et l'administration des médicaments. En plus, cent fiches d'information sur les médicaments les plus utilisés.

ISBN 2-89619-017-1   2005/336 p.

MARQUIS

Marquis imprimeur inc.

Québec, Canada

2009

Imprimé sur du papier Silva Enviro 100% postconsommation traité sans chlore, accrédité Éco-Logo et fait à partir de biogaz.

certifié

procédé
sans
chlore

100 % post-
consommation

archives
permanentes

énergie
biogaz